丛书编委会

大家精要

何晏

武锋 著

陕西师范大学出版总社

He Yan

图书代号 SK17N0216

图书在版编目（CIP）数据

何晏 / 武锋著. —西安：陕西师范大学出版总社有限公司，2017.7（2024.1重印）

（大家精要）

ISBN 978-7-5613-9119-8

Ⅰ.①何…　Ⅱ.①武…　Ⅲ.①何晏（？—249）—传记　Ⅳ.①B235.1

中国版本图书馆CIP数据核字（2017）第105408号

何　晏　HE YAN

武　锋　著

责任编辑	彭　燕	
责任校对	宋媛媛	
封面设计	张潇伊	
出版发行	陕西师范大学出版总社	
	（西安市长安南路199号　邮编 710062）	
网　址	http://www.snupg.com	
印　制	永清县晔盛亚胶印有限公司	
开　本	650 mm×930 mm　1/16	
印　张	10	
字　数	100千	
版　次	2017年7月第1版	
印　次	2024年1月第2次印刷	
书　号	ISBN 978-7-5613-9119-8	
定　价	45.00元	

读者购书、书店添货或发现印刷装订问题，请与本公司销售部联系、调换。

电话：（029）85303879　传真：（029）85307864　85303629

目　录

第 1 章

何晏与他的时代

何晏（196~249），字平叔，南阳宛县（今河南南阳）人，汉魏时期著名的思想家。他是中国古代思想史上少有的能够自成思想系统别创一家的思想巨匠。何晏也是魏晋玄学的祖师爷和发动者。他精深细腻的思想体系、包容儒道的开放胸怀、富有逻辑的谈辩风格，都吸引了当时的思想界，并使他们深深为之着迷，引起了极大关注，对后世影响深远。甚至他的清丽姿容，他的一颦一笑，一举一动，都能在当时引起轰动，成为一时佳话。在汉魏严酷的时代环境之中，何晏成为政治斗争的牺牲品，并被当权者所贬低和诽谤。拨开历史的层层迷雾，去掉缠绕在何晏身上的灰尘与蛛网，一个活生生的何晏就站立在我们的面前。

俗语说"知人论世"。要想全面深刻地了解一个人，最好的办法是通晓他所处的时代环境，把具体人物放到当时的历史背景之下，这样才能显幽烛微，进行历史与人物的双重把握。同时，对于以往的历史人物，应该多加一些"了解之同情"，设身处地地体察他们的个人意志与行为举动。

大一统帝国的第一次纷乱

自从秦始皇于公元前 221 年建立秦帝国以来，一直到清朝灭亡，中间共出现三次大一统时期与三次大分裂时期，前者分别为秦汉、隋唐、宋元明清时期，后者分别为三国两晋南北朝、五代十国、辽夏金时期。而三国两晋南北朝时期正是中国古代历史上大一统帝国之后的第一个大分裂时期。何晏就生活在这样一个时代。

何晏身处东汉与曹魏时期，先后经历两个王朝，共有四帝，分别为汉献帝刘协、魏文帝曹丕、魏明帝曹叡、齐王曹芳，如果算上有帝王之实而无帝王之名的曹操，那么何晏一生中有五个最高统治者。何晏在东汉与曹魏时期的生活，大约各占一半。很明显，何晏生活的时代给人的第一个感觉就是政局动荡、政权更替频繁，而何晏恰恰生活在这个乱世之中。

东汉中后期以来，汉王朝日益陷入无法挽回的堕落之中，其中最明显的表现就是宦官与外戚的轮流专政，这种状况加重了政治与社会的双重危机。

东汉从光武帝到汉献帝，共出现十二位皇帝，享国一百九十六年，其中不到十六岁即位的皇帝竟多达九人，占总数的 75%，从汉和帝以下，皇帝均为幼年登基。汉殇帝即位时还是一个百日婴儿，汉冲帝两岁，汉和帝、汉安帝十岁，汉顺帝十一岁，汉灵帝十二岁，年龄比较大的汉桓帝即位时也才十三岁。皇帝幼年即位，就会给两种势力以可乘之机，这就是外戚与宦官。"子幼母壮"，皇帝年幼必然太后听政，而太后作为妇人，不便也没有合适的机会出头露面，为了行使权力，就把自己的父兄援引入朝，从而给外戚专权开了方便之门。有些太后为了揽大权于己身，特别喜欢立年幼皇帝，以便操纵股掌之上。有些甚至故意毒死懂事、稍微年长的皇帝，再立幼主。这就形成了所谓"孤儿寡母"的政治，充分反映了中国古代"家国一体"的特征，是中国皇权体制之下独有的政治现象。

所以，南朝范晔的《后汉书·皇后纪上》评论说："东京（洛阳）皇统屡绝，权归女主，外立者四帝，临朝者六后，莫不定策帷帘，委事父兄，贪孩童以久其政，抑明贤以专其威。任重道悠，利深祸速。……而赴蹈不息，焦烂为期，终于陵夷大运，沦亡神宝。"所谓"外立者四帝"，是指由外戚力量所扶立而登基的皇帝，他们是被汉和帝邓皇后家族所立的汉安帝，被汉顺帝梁皇后家族所立的汉质帝、汉桓帝，被汉桓帝窦皇后家族所立的汉灵帝；所谓"临朝者六后"，是指汉章帝窦皇后、汉和帝邓皇后、汉安帝阎皇后、汉顺帝梁皇后、汉桓帝窦皇后、汉灵帝何皇后。外戚专政的时候，控制了大部分的国家最高职位，皇帝成为他们行使权力的工具。

如和帝之后邓太后，不立长子刘胜，而偏立少子刘隆，刚立不久刘隆就夭折，后又立才十二岁的刘祜。邓太后连立两帝，把持朝政达十六年之久。皇帝幼年即位，太后势力坐大，外戚于是遍布朝廷，不学无术者多能得到高位，使得政治一团糟糕。

幼帝即位，被外戚所欺，不甘心权力被架空，因此也想夺回本来属于自己的尊荣。他们长年居于深宫，无缘结识其他政治势力，唯一可以依靠的力量就是日夜陪伴在他们身边的宦官了。在这种情况之下，幼主与宦官一拍即合，立即达成合谋夺回政权的意向。此类事情，对于宦官尤其具有吸引力。一则，事情一旦成功，他们就是佐命功臣，其所得荣华富贵远比做一个单纯的宦官强得多，再进一步通过控制皇帝就能上下其手；再则，宦官自宫服侍皇帝，大部分是被逼无奈，而他们一向又被人看不起，受到讥嘲白眼乃是常有的事情，这就在他们内心植下了仇恨的种子，总有一天要爆发出来。与幼主联手夺取权力，正好迎合了宦官的心理。如"跋扈将军"外戚梁冀因专权杀汉质帝，立十三岁的汉桓帝，桓帝又联合宦官单超、具瑗、唐衡、左悺、徐璜五人杀梁冀。宦官在支持桓帝反对外戚势力方面起到了重大作用。

《后汉书·宦者列传》对宦官势力坐大有细致的描绘："（阉人）手握王爵，口含天宪，非复掖廷永巷之职、闺牖房闼之任也。……迹因公正，恩固主心，故中外服从，上下屏气。或称伊（尹）、霍（光）之勋无谢于往载，或谓（张）良、（陈）平之画复兴于当今。虽时有公忠，而竟见排斥。举动回山海，呼吸变霜露。阿旨曲求则光宠三族，直情忤意则参夷五宗。汉之纲纪大乱矣。"宦官帮助皇帝从外戚手里夺回政权，他们俨然以佐命功臣自居，借着皇帝的旗号树立个人的权威。他们握有赏罚大权，随便一句话就是不变的法律，他们的一举一动，在当时都能引起朝廷重大的变化，如果靠向他们就能飞黄腾达，但是如果违背他们就会被抄家灭族。东汉的皇帝有点悲惨，刚刚撵走了外戚这条狼，不承想又引进了宦官这只虎，狼虎前后夹击，皇帝的日子可想而知。

如此一来，东汉就形成了外戚和宦官的轮流专政，双方争持不下，都没有为国家服务的公心，反而只为个人私利而你争我斗，搞得东汉王朝更加乌烟瘴气。汉灵帝时期，外戚大将军何进想一举铲除宦官，一劳永逸地解决问题，可惜他做事不够稳妥，不幸被张让、段珪、宋典等"十常侍"所杀。在外戚和宦官互相火并的情况之下，外廷士大夫以曹操、袁绍等人为代表，带领军队冲进宫中，全歼宦官，连唇上无须的人也被当作宦官杀掉。通过这种暴力手段，东汉王朝身上的毒瘤摧毁了。外戚与宦官的斗争以两者同归于尽而结束。

外戚与宦官的内斗还没终结，"党锢之祸"又惨烈上演，更加使东汉王朝雪上加霜。

面对外戚与宦官的斗争，一批正直的士大夫官僚还有太学生，激烈批评时政，抨击宦官之害。他们前赴后继，充分表明了士大夫的正义与对国家命运的关心。"党锢之祸"有两起，第一起发生于汉桓帝延熹九年（166）。宦官党羽张成教唆其子杀人，被司隶校尉李膺（字元礼）处死，宦官派人诬告李膺，将士大夫的精神领袖、被称作"天下模楷李元礼"的李膺逮捕入狱。他们后来迫于压力释放了李膺，但终身不许他做官。在宦官的操纵下，桓帝下令在全国范围内逮捕"党人"，后皆赦归田里，但"禁锢终身"，不许做官。第二起发生于汉灵帝建宁二年（169）。在大将军窦武、太尉陈蕃等人的努力下，党禁解除，窦、陈二人欲诛灭宦官，宦官则先下手为强，将窦、陈等百余人下狱处死，并规定"党人"的门生故吏、父子兄弟，都免官禁锢。"党人"推崇贤臣，反对宦官，具有一定的积极意识。"党锢之祸"的发生，标志着士大夫反对宦官斗争的失败，说明统治阶级的腐朽已达到了不能自救的地步。

正直士大夫反对宦官的斗争是可歌可泣的，他们的失败表明，东汉王朝已经不可挽救，力图通过内部斗争来变革东汉王朝的道路已经行不通，东汉王朝僵而不死，必须有新的力量才能给予它致命的一击。

这一致命的一击来自黄巾起义。公元 184 年，太平道张角在"苍天已死，黄天当立，岁在甲子，天下大吉"的号召下，举起了反抗东汉的大旗。张角的反抗虽然最后失败，但是它加速了东汉的灭亡，为改朝换代打下了基础。黄巾起义之所以能够在东汉末年形成巨大声势，并且成为改朝换代的重要一环，其根本原因在于东汉王朝本身的腐朽。仅举汉灵帝"西邸卖官"一个例子就能说明很多问题。

公元 178 年，时当汉灵帝在位。据《资治通鉴》卷五十七记载，汉灵帝嫌国库空虚，自己的私房钱太少，因此想到了卖官筹钱的主意，这个筹钱机构建在"西邸"。当时的官职价格如下：二千石长官（相当于郡守等官）价格两千万钱，四百石长官（相当于县令、县长等官）四百万，三公价格一千万，九卿价格五百万。三公、九卿虽是中央官，但是因为大都是名誉性质的，没有实际油水，价格反而低于两千石地方郡守的价格。这可能是因为二千石长官掌握实权，有很多好处可捞。汉灵帝还进一步完善卖官法令：县令、县长职位的价格也要看所处县域的优劣而定，县域地势好、收入高，那么这个地方的长官的价钱就要高于一般县域的；买官者如果是富人，那么买官的钱必须一次性付清，买官者如果是穷人，那就可以先赊欠，等做官养肥自己之后再付钱给国家。汉灵帝"西邸卖官"，实在是中国古代政治史上非常荒唐也非常可笑的一页。

众所周知，官僚队伍的好坏，关系到一个王朝的长治久安与否，汉灵帝竟然以官位为商品，就像市场上销售大白菜一样把官位出售给有需求者，而且还可以讨价还价，这表明东汉的官僚队伍已不能支撑东汉这座大厦。同时，买官卖官，这样获取职位的人，完全不会为老百姓真心做事，反而更加巧取豪夺，加紧搜刮，让人民的血汗抵消他们买官的损耗。皇帝的骄奢淫逸，官员的贪渎无能，更加引起人民的愤恨与仇视，如此看来，东汉王朝离走向自己坟墓已经不远了。

公元 220 年，曹操的儿子曹丕称帝，建立魏国，东汉献帝降为山阳公。此后刘备、孙权相继称帝，分别建立蜀汉、东吴政权，中国历史进入扰攘纷乱的三国时代。这是中国古代大一统帝国的第一次大分裂，而何晏正好跨越了汉魏两个朝代。

思想从一元走向多元

何晏生长在汉魏时代，正逢乱世，"乱"是那个时代最为鲜明的特征。除此之外，汉魏时代也是学术思想从一元走向多元的时代，是思想非常活跃，也富有独立色彩的一个时代。

对思想的控制是中国古代的特色，也是大多数皇帝喜欢玩的把戏。秦始皇统一天下，同样也不放松思想管制。他采取"焚书""坑儒"的举措，对于思想方面的压制可谓空前激烈和严厉，甚至充满血腥与恐怖。但是，"坑灰未冷山东乱"，陈胜、吴广、刘邦、项羽等人纷纷举起反抗强秦的义旗，导致秦帝国大厦倾覆。实践证明，采取严厉的思想控制并不一定能够取得良好的效果。西汉武帝充分看到了这一点，他采纳大儒董仲舒的意见"罢黜百家，独尊儒术"，积极扶持儒学的发展，通过建立太学、五经博士等措施，把儒学发展与官僚仕进紧密结合起来。士子只要学习儒家学说，就能获得功名利禄，真正是"学而优则仕"，使得学术与政治打通，政治与学术相联。通过这些措施，知识分子被牢牢地束缚在儒家经学之上，失去了独立思考和自由批判的精神。他们的命运与历代王朝休戚与共，真正成为王朝体制中的有机组成部分。西汉武帝通过利禄引诱，比秦始皇更加成功地解决了知识分子的思想问题，不但紧紧地笼络住了知识分子，并且促使儒学成为官方所认可的具有无上权威的指导思想。武帝的施政措施对后世影响深远。

从西汉一直到东汉，因为有官方思想的引导和支持，儒家学说迅速占领了当时的思想阵地，士子的一举一动都以儒家思想为依归，并且拼命借助儒学挤进官方体制之内。儒学的影响一时无两，没有哪家有足够的势力与儒学争胜。儒学成为人们安身立命的所在。这里可以从几个侧面来看儒学成为汉代官方意识形态的情况。

首先，是从事儒学学习经生人数激增。西汉末期，国家太学生有三千多人，到了东汉洛阳，太学生人数暴增到三万，增长速度之快是非常惊人的。以上人数还只就国家首都地区的经生而言，没有计算地方经生。如果算上地方经生，那人数更是非常庞大。两汉时期，经常可以看到一个儒学老师带许多弟子，他们的弟子再带弟子，如此延续下去，一个儒学老师就有百千弟子。所以，当一个儒学老师去世之后，弟子与再传弟子往往不远千里集聚起来为其送葬，这个队伍的人数上百上千乃是常有的事情。这可见儒学教育之发达，也可以看出儒学对人们的影响之一斑。

其次，是研究与注解儒家经典的专家代代相传。这些专家一辈子埋首经书之中，勤勤恳恳，刻苦钻研，他们不但自己研究，而且还带动自己的子孙从事经学研究，这样慢慢发展下去，就形成了许多经学世家。比如，研究《尚书》的世家、研究《周易》的世家、研究《周礼》的世家，等等。经学研究出色就可以为官作吏，长此下去高官显贵往往同时也是研究经学的名家。这样，学术文化权力与官僚政治权力合二为一，累世经学与累世公卿合二为一，其结果是导致魏晋士族的出现，他们逐步掌握了大权，成为魏晋时期非常有特色的政治文化现象。

比如，弘农（今陕西华阴一带）杨氏一族，奠基人杨敞是西汉丞相。杨敞玄孙杨震是东汉光武帝时的太尉，被人称为"关西孔子"，以研治《欧阳尚书》而出名，杨震之子杨秉、孙杨赐、重孙杨彪，均官至太尉，作为东汉的"四世三公"而耀眼于政坛。不但如此，杨震子孙一直到西晋、北魏、隋唐，甚至宋朝，代有人才，在中国古代历史上闪烁着异样的光辉。

再比如，汝南（今河南汝南一带）袁氏一族，以研治《孟氏易》闻名，东汉袁安官至司空、司徒，袁安之子袁敞及袁京都做过司空，袁京之子袁汤为司空、太尉，袁汤之子袁逢官至司空，袁逢之弟袁隗官至太尉、太傅。如果再加上影响东汉晚期政局的袁绍、袁术等人，其家族人才更是可观。汝南袁氏一族，四世中居三公之位者多至六人，史称袁氏一族"门生故吏遍天下"，确非虚语。

以上事例均可证明，两汉时期儒学已经成为官方指定的思想意识，占据思想界的主流地位，这一时期的思想是一元化的。当然，这里所说的一元化并非指其他思想都被消灭了，都不被允许发展，而是指它们与儒学的主流与中心地位相比是远远不及的。

但是，事情往往并非总能如人设计的那样发展。儒学被立为官方统治思想之后，因为受到当局尊崇，无人能撼动其地位，儒学思想开始慢慢地固定化，它以前的那种探索精神逐步衰退，当它攀向自己顶峰的时候，似乎也预示着它将要走下坡路了。儒学思想的体制化，使它不能进一步开拓，从而去顺应时代，这就导致它自身危机慢慢浮现。这些危机在起初并没有明显的征兆，但是越到后来，弊病就更加明显，到了东汉更是如此。

总体来看，这些弊病包括两个方面。第一，儒学的烦琐化。儒学本身的经典早期有五经，后来有十三经等名目，这些典籍并不繁杂多端。但是，因为儒学成为官方意识形态，很多人以此为生，他们不断对经书进行注解、疏通、诠释，导致儒家典籍的数量越来越多，远远超出了早期的儒学经典。儒学经典如此烦琐，它的很多思想更是人异其说，观点不同，争吵蜂起。人们费其一生，即使皓首穷经，有时也难以透彻了解一本经书。正如《汉书·儒林传赞》称："自武帝立五经博士，开弟子员，设科射策，劝以官禄。讫于元始，百有余年，传业者寝盛，支叶藩滋，一经说至百余万言，大师众至千余人，盖利禄之路然也。"第二，儒学的神学化。统治阶级为了以儒学控制人心，想尽办法对儒家人物和儒学典籍进行神秘化。比如对于孔子，统治阶级认为他是代天立言，为汉代作法，把他看作神仙一样的人物。对于儒家典籍，统治阶级制造谶纬，将之神秘化。"谶"是神秘的预言，可以显示未来的发展与走向；"纬"是相对经书而言的，纬书能够辅助经书，提高人们的认识，但实际上纬书大多荒诞不经，充满"怪力乱神"，完全把经书搞乱了。这说明，汉代统治阶级力图神化孔子与儒家学说，希望把儒学上升到"国教"的地位，力图完成对思想学术的全面渗透和控制。

随着东汉王朝的解体，统治阶级宣传的那些思想，特别是儒家思想，被人们看到其中的很多欺骗性。又加上它本身的烦琐和神化，已经不能吸引很多具有理性精神的中国古代知识分子了。所以，从东汉中晚期以来，儒学之外的很多思想很快发展起来，知识分子不能在儒学那里找到立足之处，于是便向其他思想探寻。儒学的式微与衰落已不可阻挡。人们开始把关注目光更多地投向文学、史学、道学、佛学、方术、艺术等百家之学，在其中寻求安身立命的道理，这样，思想一元的时代开始逐步退场，而思想多元，甚至思想激烈碰撞的多元时代开始到来。

自东汉，特别是其晚期以来，思想从一元向多元发展，其中最为突出的一个表现是士人不再以儒家思想为唯一的归宿，而是多方择取，充分吸收，以成一家之言。

这样的史例很多，如《后汉书·马援传》载马援的侄子马严："专心坟典，能通《春秋左氏》，因览百家群言，遂交结英贤，京师大人咸器异之。"《后汉书·延笃传》载南阳人延笃："少从颖川唐溪典受《左氏传》……又从马融受业，博通经传及百家之言，能著文章，有名京师。"马严与延笃虽然通于经学，但是可以明显看出，他们的学术方向已经发生较大的变化，不再单纯以儒学为主，而是开阔思想，学术领域已经延伸到儒学之外的各种学问。这是一个极为显著的变化趋势。

更有代表性的是东汉会稽人王充，《后汉书·王充传》载："（王充）后到京师，受业太学，师事扶风班彪。好博览而不守章句。家贫无书，常游洛阳市肆，阅所卖书，一见辄能诵忆，遂博通众流百家之言。"马严、延笃等人虽也致力于经学研究，但是他们的治学范围已经溢出儒学本身而很关注经学之外的百家之学。王充更是新学术思想风气的有力践行者，他虽然受业太学，但是并没有以经学为依归，他已经突破了旧有的儒学藩篱，而显得眼界宽广、学识渊博，其思想本身给人新鲜活泼、富有朝气的感觉。《尚书》《春秋》也是依据当时流行的历史著作写成的，并非从天而降。民事、民情、史书都可以看作广义的子书，六经都是从此而出的。因此，不但六经皆史，而且六经皆子，六经都是从子书来的，并且本身就是子书。这种观点无疑开了清代"六经皆史"的先河，具有重要的思想史意义。如此看来，经书的最初状态就是史书，就是子书，所以王充得出子本经末的观点。王充不再以经书为一切思想的指导，而是积极肯定子书、史书的价值，他的认识对儒学来说，是极有革命性与冲击性的，这预示着多元思想的到来。在王充身上鲜明体现了怀疑经典、重估一切价值这种新的时代思想特点。

既然诸人博通百家之言，那肯定不单单是儒家，而是儒家之外的其他学问诸如文学、史学、艺术等等均有涉及，从而由一元独尊的思想状况向多元并立的思想倾向转化。

诸多思想家的学术风尚的转向，预示着一个新的思想时代即将到来。在这个思想时代，绝对不是单纯地投身儒学本身，而是多方吸取一切有益的思想，从而综合各家，汇通异同，创造一种更加富有活力更能够吸引人们的崭新思想。这种思想形态必然会完成对儒学的扬弃，在更高层次上完成思想文化的更新与提升。

何晏作为汉魏时期重要的思想家，正是继承了前人的成果，并在时代多元思潮的陶冶之下，完成思想综合创新的尝试的。新的时代已经呼之欲出，何晏成为其时的先行者，从而扬波助流，推动了它的到来。

汉晋士风的丕变

汉晋之际是士风发生重大变化的一个时期。所谓"士风"，简单地说就是当时士大夫阶层的言行举止，以及为人处世所表现出来的人格。士风是一种士人外在风貌的表现，更是一种精神的内在气度。士人是当时具备较高文化水平，并自承道义的一批人，因此他们的一举一动颇能反映时代的思想动向。何晏是魏晋玄风的倡导者，其精神气质是和以前东汉时期的气质完全不同的，它讲究宅心玄远，注重对事物本质的关心和探讨。一旦用这种思想方法思考问题，就会发现个体生命、个体情感的重要。所以，自何晏倡导玄风之后，士大夫的精神解放达到了一个极高的程度，那就是魏晋玄学在其时的流行与蔓延。为了理解何晏的思想，有必要追溯汉晋之际士风的发展动向。

两汉时期的士风如果用简单的话语来概括，那就是重视名节。两汉时期是儒学的定型化以及与政治完成合流的时期，士大夫基本上都是在良好的儒学修养下培育出来的。这些士大夫具备崇高的品德，阔大的胸怀，以天下为己任，他们相信凭借自身所掌握的学问和所担负的道义，遇到合适的君主，他们的政治思想一定能够实现，从而有利于国计民生。所以，两汉时期的士大夫精神是昂扬的，政治的好坏和他们有天然的联系，他们非常渴望能在政治上作出自己的一番贡献，上报君恩、下慰民心是他们的理想。在儒家精神教导之下的士大夫，言行有礼，为人处世讲究伦理道德，完全是一副君子形象。作为君子，最为重视的就是节操，要正直、高尚，不能屈服权贵，更不能为了稻粱而去降低人格。与功名利禄相比，儒家士人所坚持的道德准则是更加具有超越性的。在名节受到损害的情况下，士人不但要维护名节，甚至可以在名节得不到维护时为之牺牲而在所不惜。这批士人高扬理想的气质，提倡有道德的人生，政治清明、社会纯良是他们向往的目标。正是因为有儒家理想的教导，他们感到前途光明，因为之奋斗而欣喜。整体来看，两汉士大夫经明行修，他们孜孜以求盛世的到来，并为此兢兢业业为学。在遇到困难的时候，他们利用自己的人格、威望号召大众，让大家积极克服各种艰难。在生死攸关的巨大考验面前，他们杀身成仁、舍生取义，显得壮烈而又从容。

这种重名节、敢于牺牲的精神可以拿杨震作为例子。杨震（59~124），字伯起，弘农华阴人。他出身于书香门第，自幼好学，对于儒家各种经典，无不精熟，被士人称为"关西孔子杨伯起"。永宁元年（120），杨震升任司徒。汉安帝的乳母王圣以抚养之功，恃宠胡来，行为很嚣张。杨震看不惯，向安帝上疏，提出"政以得贤为本，礼以去秽为务"，抨击王圣等人

"扰乱天下，损辱圣朝"，建议安帝将王圣逐出内宫。杨震还向安帝进言，让他做一个明君，但是安帝对他的上疏不予理睬，还对他"诽谤"君上产生了强烈不满。延光三年（124），杨震上疏弹劾中常侍樊奉等人骄奢淫逸，为非作歹，并劝安帝振奋图强。安帝暴怒，罢了杨震的官，并把他打发回故乡。在归乡的路上，杨震感到理想不能实现，悲愤难抑，饮鸩而卒，享年七十余岁。当杨震的灵柩运回故乡时，路人都为他悲泣不已。

杨震可谓典型的儒家知识分子，品行俱佳，自动担负道义，最后不惜用牺牲来表达自己理想陨落的黯淡心情。这种一往无前的精神是难能可贵的。在杨震的带领之下，因为有良好的家风熏习，他的儿子杨秉、孙子杨赐、曾孙杨彪等人也为官清廉，被人广泛传颂。可以说，杨氏一门用实际行动践行了儒家的教导，他们是忠诚的儒家知识分子。

像这种儒家知识分子还有范滂。范滂（137～169），字孟博，汝南征羌（今河南漯河市）人。他少年时便胸怀大志，想要作出一番事业。范滂为人正直，疾恶如仇，为官清廉，他到哪里上任哪里的贪官就望风而逃。第一次党锢之祸时，范滂与李膺同时被捕，大家认为他很有骨气，是一个优秀的士大夫，因此当他出狱之时，有上千辆车子去迎接他。第二次党锢之祸时，朝廷下令再次捉拿他，但是有很多人挺身而出拼死保护他，范滂不肯连累别人，自己投案，最后死于狱中。在赴死之前，范滂见了母亲最后一面。他对母亲说：我的弟弟孝顺，可以照顾您，我即将走上黄泉路，请您老人家不要太过伤心。范滂的母亲答复道：你自己挺身赴死，可以和李膺、杜密（李、杜都是当时名士）齐名，死了也没有可以遗憾的了，既想要好名声，又想要生命，但两者是不可兼得的。范母鼓励范滂杀身成仁。范滂又和自己的儿子说了一句颇为感伤的话："吾欲使汝为恶，则恶不可为。使汝为善，则我不为恶。"意思是说，我想让你们做坏事，可是坏事是不能做的。我想让你们做好事，学习我，可是却落得如此下场。范滂死时只有三十三岁。当时的人看到范滂一心赴死的情景，都悲哀流涕，伤痛无比。

范滂和杨震一样，都是儒家的仁人志士。他们满怀崇高理想，致力于社会安宁，但是在糟糕的政治面前，他们却成为待宰的羔羊。范滂一心赴死，表现出了大义凛然的气节。不过，我们也可以看到，范滂临死之前对儿子所说的话，也表达了一种非常矛盾的心情，这就是自己一心奉献给朝廷而朝廷却对他们动用屠刀，他这样慷慨赴死到底值不值得？范滂的矛盾展示了一个巨大的问题，那就是，高尚伦理道德如果碰到残忍的政治，是进还是退？如果前进，就将付出生命，玉石为瓦砾所毁；如果后退，任凭社会动乱下去，那士人的精神价值又将在何处呈现？看来，士大夫的进退已经成为他们一个很大的问题。

关于汉代士人的气节，明末清初著名思想家顾炎武在《日知录·两汉风俗》里给予了充分肯定："至其末造（东汉末年），朝政昏浊，国事日非，而党锢之流、独行之辈，依仁蹈义，舍命不渝。'风雨如晦，鸡鸣不已。'三代以下风俗之美，无尚于东京（洛阳）者!"顾炎武表彰了东汉士大夫的品行，认为正是这批士大夫维持了东汉纯净的社会风俗，他们的高尚气节超过很多其他朝代的士人。

但是，东汉末年以来，士风开始悄悄发生变化，重名节的风气开始削弱，人们更加重视个人的真情流露，个体自觉的风气开始流行。

　　这种从重名节到重个体自觉风气的变化，是有其内在原因的。首先是政治理想的失败，导致人们对政治的失望，士人开始与国家产生疏离之感。东汉最让士人痛心的是"党锢之祸"，朝廷对大批名士大动干戈，让名士们心凉至极。名士们是以"修身、齐家、治国、平天下"为自己的理想的，他们严格要求自己，期望能够对社会产生良好作用。但是皇帝的庸懦、宦官的贪残，致使他们不但理想不能实现，而且还要付出沉重的生命代价。政治腐败不堪，道德品行全部沦丧，士人向上的途径被封锁，在这种情况下，他们开始转向自身，思索个人的生命价值到底在什么地方，思索除了朝廷之外还有没有能够表现个人存在的处所。最后，士人们发现，除了朝廷，确实还有自己能够施展才能的园地，那就是个体活生生的人。他们可以不再呕心沥血投身政治，研究百家之学也有很多乐趣。甚至日常生活都充满美感，喝喝酒、弹弹琴，不是也很适宜、悠闲吗？士人们发现，让生命遵从内心的号召，充分展示个人的魅力也有强大的存在感。重视名节有时候真的太累了，那么高的要求，还要处处为朝廷、为他人着想，但就是没有想过自己如何生活才更有美的感受。这个时候，士人们开始逐步地抛弃名节思想的限制，让个体充分展示自己的存在。甚至有时候，他们认为名节思想限制了个人的发展，不能让人们真情流露，因此开始对礼法、名节等思想表示不同意见，做得更离谱的就是专门和儒家礼法思想唱对台戏。

由重名节发展到重个体自觉，还与当时儒家思想的某些虚伪作风有关。儒家的本意是要求人们修身养性，服务国家，但是有时候目标太高，不太容易达到。可是不奔着这些目标努力，就根本不可能在仕途上有任何升迁。在这样的情形之下，一些士人开始投机钻营，为自己制造好的威望、名声，以图获得升迁的机会，但实际上他们不是真正践行儒家思想的士大夫。这样就使得儒家思想中产生了一些虚伪的东西。

《后汉书·许荆传》载，会稽阳羡人许荆的祖父许武被察举为孝廉，但是他的两个弟弟却都碌碌无为。为了帮助两个弟弟，许武想到了一个办法，他主动把家分了，还不与两个兄弟住在一起。在分家的时候，许武专挑最好的田地房屋归自己所有。时人以为许武刻薄而两弟廉让，因此许武的两个弟弟都被选举做了官。许武这样做是因为看到了制度的漏洞，因为察举制度选拔人才是基于地方上的舆论的，比较看重人们的名声与威望，如果一个人在社会上有很大的名气，那就有可能被察举做官。许武故意用虚伪的方法提高了两个弟弟的名誉，从而让他们被选拔做官。儒家的重视品德成为人们借机升官的手段。

《后汉书·陈蕃传》载，陈蕃为乐安太守时，听说有个叫赵宣的人非常孝顺，因为他在父母死后的二十余年里一直守孝不辍，被乡里所称扬。地方上认为赵宣是难得的大孝子，应该推荐他做官，因此就向陈蕃荐举。陈蕃作了一番详细的调查后发现，赵宣在守孝期间连续生了五个儿子，他的所谓孝顺都是装出来给别人看的，实际上非常虚伪。陈蕃大怒，惩罚了赵宣。按照儒家的思想，守丧一般为三年，三年里不能做别的事情。赵宣所谓守孝二十余年，不是真正守孝，而是忙着生儿子，他的二十余年守孝的名声无疑是宣传出来给别人看的，以便借机得到升迁。由此可见这种虚伪的行为发展到了什么程度。

当时的谚语说"举秀才，不知书；举孝廉，父别居。寒素清白浊如泥，高第良将怯如鸡"，语言生动活泼，极富批判性。秀才本来是有一技之长的，却不学无术，大字不识；孝廉本来是孝顺廉洁的，但是却逼着父母分家别居。污黑一片的东西被称作洁白如玉，怯懦猥琐的人物被选为高官良将。这种虚伪的事物一时充斥整个社会，不禁让正直的士人寒心：他们所信奉所遵循的思想，竟然虚假到如此地步，实在可悲可叹，这进一步激起了他们的义愤，他们不再轻易相信那些打着儒家旗号的东西。为了表达不满，他们一方面批评儒家的伪善，批评儒家的仁义礼智，另外一方面，他们在行动上更加不在乎礼制的要求，从而走向遵循自己情感要求的个体状态。礼教虚假，那么个体的感觉、情感总还是真的，因此他们走向放浪形骸，不理政事的一端。这种表现在东汉末年非常明显。

《风俗通·衍礼》载："山阳太守汝南薛恭祖（薛勤），丧其妻不哭，临殡，于棺上大言：'自同恩好四十余年，服食禄赐，男女成人，幸不为夭，夫复何恨哉！今相及也。'"薛勤在妻子去世之后，并没有哭泣，他对着妻子的棺材说了心里话。按照一般逻辑，妻子去世之后不哭，是很不讲礼制，也是很没有人性的。但是，薛勤却学习庄子丧妻鼓缶而歌的豁达气度，表现了一种迥异于儒家正统的风气。其实，他内心是很悲伤的，他之所以不哭，就是不想学常人那样哀哀戚戚。薛勤的做法在魏晋名士身上也有反映。比如阮籍，在母亲去世之后也没有哭，他悲伤到极点，最后呕血数升。可见，魏晋名士和东汉末年的名士是有继承关系的。

个体自觉有时候不止表现在反礼教上，也表现在个人的外在气度上，这就是对士人风神的重视。比如东汉汝南名士黄宪，出身贫贱，父亲是牛医，他在政治上也没有什么建树，但是却受到士人的一致赞赏。写作《后汉书》的范晔评论黄宪道："言论风旨，无所传闻，然士君子见之者，靡不服深远……余曾祖穆侯以为（黄）宪隤然其处顺，渊乎其似道，浅深莫臻其分，清浊未议其方。若及门于孔氏，其殆庶乎！"如此看来，黄宪不是依靠学问出名的，也不是依靠品行出名的，而是依靠个人的人格魅力。按照范晔的说法，黄宪的独特吸引力在于他能够体会高远的"道"，别人无法对他作具体的衡量，他也是衡量不了的。换句话说，黄宪身上有一种风神，是一种自然表现出来的玄远高淡的气质，这对很多名士都极具吸引力。士人对黄宪的评价，已经摆脱了儒家名节、品行、学识的评价标准，而是专门看他这个人自身的特点，他身上饱满的生命力让大家欣赏。

东汉末年以来，士人们发现了个体自身的美，改变了儒家重名节的风气。同时，在这批名士身上开始滋生了一种放达的风气。个体自觉可以发展到对个人风度的审美，也容易发展到不拘礼节的自我展示，两者没有太大鸿沟。也正是在个体自觉的风潮之下，魏晋时期更多的放达之风开始显示出来，魏晋时期的名士比东汉末年的名士走得更远了，他们饮酒食肉、裸袒相对、任真自得，这就促成了玄风的到来，当然也就比以前更对儒学形成强大的冲击了。

在何晏身上，也可以看到汉末名士的影子。他有极好的个人风度，是清谈场上大众瞩目的焦点。同时，他也不单纯局限于儒家思想里，而是能够把各家思想综合起来，给予更加理论化的说明。所有这些都表明一个新时代即将来临。

第 2 章

少年得意贵公子

称何晏为贵公子绝无任何问题。他的出身可能会让很多人羡慕，祖父为后汉大将军何进，义父是大名鼎鼎的魏武帝曹操，所有别人能得到的，他一点也不会缺少，而所有别人不能得到甚或想不到的，在他却也习以为常。他的家庭与教育环境非常优裕，长年生活在宫府，在成长道路上基本没有碰到任何困难，可谓一帆风顺、轻扬直上。像何晏这样经过历史变故而又能享受荣华者非常之少见，除了结局不好，在其他任何地方他都确实是大富大贵之人，春风得意的美好生活画卷展现在他的面前。

身世充满迷雾

何晏是伟大的思想家人尽皆知。但是就是这样一位在中国古代思想史上有名的人物，他的身世还是充满疑问，这使他的生平浮现不少迷雾。比如，他的父祖、生年、籍贯以及早期生活情况等。

　　关于何晏身世的记载，最早的是《三国志·魏志·曹爽传》："何晏，何进孙也。母尹氏，为太祖夫人。"后来很多关于何晏出身的史料都源于此处。何进是南阳宛（今河南南阳）人，屠户出身，因何皇后的关系才逐步发迹。何进曾参与镇压黄巾起义。后来，何进想除掉当时为害甚烈的宦官"十常侍"，并引地方实力将领董卓为外援，但是结果很不幸，何进反被宦官杀害，他招董卓入京也引起了后来的军阀割据与仇杀。

　　因为何晏祖父被宦官杀害，何皇后又被董卓乱兵所杀，何氏家族可能受到冲击，何晏母亲尹氏遂带着何晏逃难，当时何晏年龄还很小。大约在198年，曹操收纳尹氏，何晏随之进入曹府。曹操这个人不太顾及礼节，对于喜欢的女人，即使是寡妇他也笑纳如流，除了何晏母亲尹氏，类似的还有秦宜禄的妻子杜氏，杜氏生秦朗，也跟随母亲进入了曹府。

　　按说，何晏的身世似乎很清晰了，但是问题接着出现了。《世说新语·言语》注引《魏略》云："何晏字平叔，南阳宛人，汉大将军何进孙也。或云何苗孙也。"何苗是何进弟弟，曾为骠骑将军，在何进被杀时也同时遇害。这个"或云"就把问题搞复杂了，"或云"就是有人说，有人说何进的弟弟何苗才是何晏的祖父。这条材料是《世说新语》转引的，可能出于当时的口头传闻。但是，目前没有更多新的材料支撑这个结论，所以暂时还是认定何晏祖父为何进。何晏的祖父为大将军，叔叔何苗为骠骑将军，姑姑为汉灵帝皇后，所以可以想见何晏的生活肯定是优裕于常人的。衣食无忧，生活富足，这就是何晏的家庭所带给他的。何进虽然是屠户出身，粗人一个，但因为官高位重，必然也要多多学习充实自己，他也结交名士、官僚，家庭的文化水平应该有一定提高。这些也为何晏的成长创造了条件。

上面说何晏是南阳宛人，但一些史料对此有不同说法。宋代乐史《太平寰宇记》卷一二六《淮南道四·庐州》云："何晏坟在（庐江）县北十七里，其墓高大。景元二年（261）有人发墓得砖铭，是何公坟。"《太平寰宇记》说何晏死后葬在庐州庐江（今安徽庐江县），并且提及何晏死后十几年，其墓被盗，从中还发掘出能够证明何晏身份的墓砖铭文。

假使《太平寰宇记》的记述可靠，就有一个疑问，何晏被害于曹魏首都洛阳，为什么会被埋葬于安徽庐江？这就要说到魏晋时期一个重要的丧葬习俗，就是人们无论在哪里发达、在哪里为官，不管生前在何地风光无限，死后一般归葬故乡。根据这个习俗我们推测，庐州庐江应是何晏的故乡。但是更大的问题便由此产生，因为前面说过何晏是南阳宛人，这里似乎又有证据证明何晏是庐州庐江人，两者如此不一致，到底哪个正确呢？有三个可能的答案，分别为：何晏是南阳宛人；何晏是庐州庐江人；何晏故乡本为庐州庐江，后来迁到南阳宛。第一种、第二种答案都有明确的记载，第三种答案也是有可能的。宋代邓名世的《古今姓氏书辨证》记载："何出自姬姓，唐叔十一世孙万食采韩原，遂为韩氏。后为秦所灭，子孙散居陈楚江淮间，以韩与何近，随声变为何氏。前汉司空何武、后汉大将军何进及何敞、晋外戚何晏皆有传。《元和姓纂》曰：望出庐江丹阳东海齐郡。"如果按照邓名世的说法，何氏本为西周姬姓子孙，后来分崩离析散居于长江中下游一带。而庐江正好在邓名世所说的"陈楚江淮间",此地有何氏子孙定居当有可能。如此说来,何晏一族最早在庐江一带居住,后来迁到南阳,所以史书两者并称。

但是,整体分析下来,第二、第三种说法都很值得怀疑。何晏为庐江人的说法是宋代人传开的,因为不论是《太平寰宇记》还是《古今姓氏书辨证》基本上都是宋代人编写的。一般来说,越是接近历史人物时代的著作越可信,前提是没有反证出现。而宋代离曹魏已有七八百年的历史,从史料可信度来说远不如西晋陈寿编写的《三国志》,《三国志》更加接近何晏所处的时代,所以其说法更加可信。宋代人之所以把何晏说成庐江人,可能是何晏之后庐江地区有更多何氏人物出现,如曹魏何祯(曾为刺史、光禄大夫)、东晋何充(曾为礼部尚书),所以后人一提及何氏人物马上想到庐江何氏,因此也把何晏归为庐江人。权衡各种情况,在没有更新资料之前,我们暂且相信《三国志》的说法:何晏是南阳宛人。

何晏身世的另外一个谜团是他的生年。何晏到底出生于哪一年,史书没有明确的记载。但是,关于何晏的卒年是没有什么疑问的。何晏于司马懿发动的"高平陵政变"中被杀,时在正始十年(249)。

对于何晏的生年有各种说法,计有189年说、190年说、193年说、195年说、196年说、207年说等等。笔者认为,各种看法里面以郑欣《何晏生年考辨》一文的196年说比较翔实平允,应与事实相去不远。现根据郑欣的论述对何晏生年稍作介绍。据《三国志》卷九《曹爽传》注引《魏略》载:"太祖为司空时,纳(何)晏母并收养晏。"《太平御览》卷三八〇引《何晏别传》称："（何）晏小，养于魏宫，至七八岁惠心天悟，形貌绝美。"这两段材料是判断何晏生年的最基本依据。根据《三国志》的记载，何晏是随其母亲被曹操收养的，当时曹操任司空。曹操为司空是在建安元年（196）至十三年（208）。由此看来，何晏的生年基本上在196年前后，当然这只是一个大体判断。《太平御览》说何晏很小就随母尹氏进入曹操魏宫，到了七八岁便表现得十分聪明。既然说何晏很小，估计也就两岁开外。《三国志·曹爽传》注引《魏略》又说：何晏随母进入魏宫的时候，"其时秦宜禄儿阿苏（秦朗）亦随母在公（曹操）家，并见宠如公子"。《三国志》的资料说明杜夫人被收纳应在曹操收纳何晏母之前。根据史书记载，曹操收纳杜夫人是在建安三年（198）十一月攻破吕布占据的下邳城之后，也就是在198年的年底，不会早于199年。假使晏母最晚在198年被曹操收纳，而这时何晏有两岁左右，那么何晏正好生于196年。这也符合《太平御览》说何晏入宫时年龄很小的实情。因此，我们认定何晏生于196年，正值汉献帝建安元年。

何晏生于196年，卒于249年。何晏出生时正值东汉末年的动乱期，再过二十几年东汉就灭亡了。他死的时候是在曹魏王朝，具体地说就是齐王曹芳在位的时期，他先后经历了东汉献帝、曹魏文帝、明帝、齐王曹芳等几个皇帝在位的时期。他虽然出身名门，但也是身经动荡离乱之苦，最后才安定下来。何晏活了五十四岁，这个年龄在魏晋时期和其他人比较起来，不算太短。

曹操的"假子"

　　曹操是大家都非常熟悉的历史人物。他是三国时期著名的政治家、军事家、文学家，是魏国的实际建立者。他上马杀敌、下马赋诗，为人不拘小节、豪爽大度，而用兵又颇有谋略，在三国之中地位非常突出。

　　曹操死后谥号为"武"，又被称为魏武帝，曹丕建立魏国，给他上庙号太祖。历史上传说，曹操为了防止死后有人破坏他的墓葬，打扰他的清净，因此设计了"七十二疑冢"，处处建立坟墓，以迷惑人们的视线。曹操不但生前叱咤风云，在死后也是风波不断。2009 年 12 月，河南安阳县安丰乡西高穴村发现了一处东汉大墓，里面出土了三具头骨，以及琉璃、石枕、石牌等文物，其中一个头骨经测定是一个年约六十岁的男子头骨。据专家说这处汉墓就是曹操的墓地，最有力的证据就是一些石牌上写有"魏武王常所用格虎大戟"等文字，魏武王正是对曹操的称呼。但是号称"魏武王"的人不止一个，还有另外两个历史人物。其一为冉闵，字永曾，小字棘奴，魏郡内黄（今河南内黄西北）人。冉闵本为羯族后赵将领，350 年，他杀死羯赵皇帝石鉴及石虎诸孙，灭羯赵，建立中国五胡十六国时期的冉魏政权。冉闵建立魏国之后，大杀胡人，甚至连嘴上长胡须的人也被作为胡人杀掉。冉闵在与前燕慕容儁的较量中败给后者，被其斩杀于遏陉山（今辽宁省朝阳县），后被追封为"武悼天王"。其二是姚襄，羌人，字景国，五胡十六国前期人物，是后秦建立者姚苌的哥哥。姚襄后来和前秦发生冲突，被前秦苻坚杀于陕西三原，死后被姚苌追谥为"魏武王"。冉闵和姚襄虽然和魏武王的名号沾边，但是不可能是埋葬于河南安阳的"魏武王"。冉闵和姚襄一个被杀于辽宁朝阳县，一个被杀于陕西三原，不太可能葬于河南安阳。再从年龄上推断，冉闵和姚襄死时都在三十岁左右，也与河南安阳墓中发现的六十岁左右的男子头骨不合。因此，冉闵和姚襄可以排除是河南安阳墓冢的墓主人。

如果这一墓葬的主人确实是曹操，那么，历史上传说的所谓"七十二疑冢"肯定都是虚假的，因为这处墓葬除了墓室形制较为高级外，陪葬品都很简单，这与史书上记载的曹操临死时要求俭葬的文字是一致的，这也符合曹操的一贯作风。当然，因为这处墓地被盗挖过，一些文物可能已经流失，是否有更加重要的文物发现还不得而知。

曹操和何晏有极为密切的关系。前面我们说过，何晏是东汉大将军何进的孙子，汉灵帝何皇后的侄子，何咸的儿子，母亲为尹氏。由于何进诛除宦官计划失败被杀，何皇后后来又为大军阀董卓所杀，何氏一族受到重大打击。据此估计，何晏的父亲何咸命运也不会太好。在这种情况下，尹氏只好带着年幼的何晏四方逃难，大约在198年的时候，尹氏与年幼的何晏碰到了曹操。这个时候，曹操的事业稳固，成为北方诸雄中的重要一员。曹操"挟天子以令诸侯"，取得了对其他军阀的政治优势。再过两年，将会发生改变北方政治格局的"官渡之战"。

曹操在198年碰到何晏母子时，觉得尹氏颇有姿色，于是收纳尹氏为自己的夫人，这样何晏就跟随母亲被曹操所抚养。曹操好色，女人只要有些姿色，都能得到曹操的垂青。他并不在乎女方的出身如何。尹氏位列曹操"夫人"的第三位，排名在杜夫人、秦夫人之后，地位非常之高。尹氏后来为曹操生了范阳闵王曹矩，可惜的是曹矩早夭，更谈不上有后代了。何晏出身于大将军何进的显贵家庭，经过短时间的变乱又为曹操收养，富贵地位没有任何变化，始终处于社会的高层。这种状况在中国古代历史上也是颇为少见的。

在谈及曹操与何晏的关系时，先来看看曹操和另外一个养子秦朗的关系。

前面已经交代过，秦朗是秦宜禄的儿子，母亲是杜夫人。关于曹操收纳杜夫人的来龙去脉，还是一段"风流韵事"。曹操当年和吕布作战时，包围了吕布所在的下邳城，杜夫人当时就在城中。那个时候关羽正被困曹营，暂时为曹操服务。关羽听说杜夫人很有姿色，想纳杜夫人为妻，便向曹操提出这一要求。但关羽没有想到，曹操更是"色中高手"，他看到杜夫人竟能打动"夜读《春秋》"的关羽，立即知道杜夫人是绝色佳人，这种好事曹操轻易不会落于人后。在攻陷下邳城之后，曹操迫不及待地见了杜夫人，结果当然是将其笑纳入怀。

秦朗的父亲秦宜禄后来为张飞所杀。这样，秦朗就跟着母亲杜夫人进入曹府。不知道为什么，曹操似乎非常喜欢作为"拖油瓶"的秦朗，把秦朗看作自己的亲生儿子，让他享受公子们才能享受到的各种待遇。曹操并没有因为秦朗是"义子"而对他有丝毫轻视，还不时带秦朗参加各种宴会，并且大方主动地向各位来宾推荐、介绍秦朗，表示自己非常喜欢秦朗这个"义子"，这等于告诉人们他曹操是一个博爱的父亲。曹操在大庭广众之下真情流露，说了一句很让人感动的话："世有人爱假子如孤者乎？"这句话应该是发自肺腑的，没有掺什么假。曹操是一代枭雄，对待敌人残酷无情，玩起手段来更是诡诈无比。但是不能否认，曹操也拥有血肉之躯，面对纯洁可爱的孩子而流露出父子之间的亲情，这应该是不会虚假的。我们尊重曹操感情的自然流露，这说明曹操是一个立体丰满的历史人物，而绝对不是像戏台上演绎的那样的只有一个面孔的"白脸"奸臣。

秦朗受到曹操的喜爱，仕途非常得意，他周游诸侯之间，经历了曹操、曹丕两代而没有什么烦恼忧愁。等到魏明帝曹叡即位，更是大力提拔重用秦朗，授予他骁骑将军、给事中的职位，每次明帝出外游玩，秦朗总是跟随左右，大受明帝赏识。明帝从不直呼秦朗的名字，而是叫他小名"阿稣"，明帝多次赏赐他，还为他在洛阳城中建筑了豪华的府邸。秦朗享受如此待遇，别人只有羡慕的份儿。但是，秦朗在明帝身边这么多年，从没有对明帝的一些不好政策有过谏议，更没有给明帝推荐一个有用之才。虽然如此，明帝依然对他亲爱有加，甚至差一点让他做了顾命大臣。这可以看出秦朗周旋于帝王之间，非常善于保全自己，很谨慎地不让自己受到伤害。

曹操也非常喜欢何晏，视何晏如同己出，每次与将领出外游观，必然带上何晏，还让何晏和亲生子女按照长幼排序，这说明曹操就当何晏为亲生儿子。

曹操如此喜爱何晏，可能有三个原因。

首先是何晏的聪明让人喜爱。《世说新语·夙惠》记载："何晏七岁，明惠若神，魏武（曹操）奇爱之。"《太平御览》卷三八五引《何晏别传》也说："何晏小时养魏宫，七八岁便慧心大悟，众无愚智，莫不贵异之。"卷三九三引《何晏别传》谓："（何）晏小时，魏武（曹操）雅奇之，欲以为子。"上面的材料说何晏七八岁时"明惠若神""慧心大悟"，这表明何晏非常聪明，有很强的领悟能力与辨识能力，可以说是当时的"神童"。曹操"奇爱""雅奇"何晏，也说明曹操对何晏的喜爱超出了一般的所谓喜爱，含有无限深情在里面。何晏确实少年天才，资质不同凡人。能够受到曹操这样大才大能之人的极度喜爱，本身就证明何晏是大异常人的天才儿童。儿童本来就容易惹人爱怜，再加上又是"神童"，可以想见有多少赞赏的眼光、褒扬的话语加在何晏身上。当时的人们都看出何晏聪明非凡，所以"莫不贵异之"。当然，也不能排除因为何晏是曹操的养子，周边之人可能会拍马逢迎，但是何晏的聪慧绝对是真实无疑的。史书上甚至有这样的记载，说一贯善于排兵布阵的曹操读到一些兵书难以明白其中的意思，因此就试着询问何晏，何晏对于曹操有疑问的地方都详细地加以解释，让曹操恍然大悟。这则故事或许有一定的夸张，但是却从侧面更进一步说明了何晏的聪慧伶俐。

其次何晏的相貌让人喜爱。俗语虽然说"人不可貌相"，但是初识某些人时，外貌往往有着一些让人先入为主的作用，这是谁也不能否认的。大部分人遇到长得漂亮的人肯定是感到赏心悦目。这是人之常情。我们虽然不能通过外貌最终判定人，但是应该承认外貌在人们的心理上所产生的作用。何晏是当时的"美男子"，"美姿仪""形貌绝美"，长得非常漂亮，容貌出众。他皮肤异常白皙，用如玉似冰来说可能比较贴切。据说魏明帝曹叡（有的地方说是魏文帝曹丕）看到何晏皮肤太白，疑心何晏傅粉了。为了证实他的猜测，在一个夏天，明帝特意给了何晏一碗热气腾腾的汤饼让他吃。天气本来就热，何晏吃下热汤饼之后，更是热得受不了，因此不停地用衣袖擦汗，这么一擦之后，何晏的皮肤显得更加白了。明帝才知道何晏的皮肤之白是天生的。这也能说明何晏姿容之美。何晏人长得美，更爱美。他经常带着脂粉盒，随时给自己上妆，在走路的时候还不时回头看看自己的影子，一副自恋自爱的模样，给人感觉充满了女性的阴柔气质。何晏天生皮肤就白，但是还经常傅粉，妆饰自己，这其实是魏晋时期的一个比较普遍的现象。

魏晋时期很多名士非常注重自己的容貌，漂亮的女人受到大家关注是众所周知的，但在当时，漂亮的男人同样能受到大家的倾慕，一些美男子出行的时候，车子后面往往跟着很多围观的人，大家甚至把手中瓜果扔给他以示欣赏。这种对仪容的重视显示了魏晋时期一种对美的追求，表明当时审美氛围的浓厚，虽然有时候这种美走向了一种病态。当时，一些男人为了达到妆饰的效果，连衣服也经常用香熏，这在那个时候也是一种时尚。比如魏文帝曹丕很喜欢熏衣，并且经常变换各种香型；曹丕的弟弟曹植，喜欢傅粉，他只有在傅粉之后才去见客人。所以，结合当时的整个社会形势，对于何晏的傅粉，绝不是一些人认为的"娘娘腔"，他的行为只是当时大环境影响下的产物，当史家把他们的行为变为文字的时候，就在一定程度上把这种行为夸张化了。因为史家不可能记录历史上所有发生过的事情，他们肯定要有所弃取，经过史家选择的史料，一方面会遮盖一些真相，另外一方面因为单纯的记述反而有可能突出某些方面的历史，这就给后来读史者造成很强的主观印象，因此在判断历史真相上就会出现一些偏离。

再次何晏做人的原则让人喜爱。何晏出身名门，后来被曹操收继，也是养于富贵之家。虽然在这么优裕的环境下成长，但是何晏为人处世还是比较小心的，并没有依仗权势，更没有胡作非为。当初，曹操收留何晏，想认他为自己的儿子。在这个时候，何晏在地上画了一个方框，把自己圈在中间，他说这个方框是"何氏之庐"。何晏是何进的孙子，他母亲被曹操收纳，按说曹操已经成为他的父亲，但是他仍坚持自己是何氏子孙，这表示何晏没有忘掉本根。在曹府这个优厚的环境之中，虽然有各种位高权重的人物，何晏都不主动结识。特别是曹操有这么多子嗣，在曹府中难免发生一些争风吃醋、你攘我夺的情况，应该说情形是非常微妙的。在出席宴会时，曹操虽然让何晏和自己亲生儿子按照长幼次序坐在一起，但何晏没有遵从，他都是坐在自己一个人的席位上，平时也不大和曹操的儿子来往。他解释说这是因为"礼，异族不相贯坐位"，就是说他何晏和曹氏子孙不是同一个宗族的，不能按照长幼次序坐在一起。这说明何晏坚持自己的何氏子孙地位，而不为了争宠显名攀附高枝。何晏的说法是有儒家思想根据的，据《礼记·曲礼》："夫礼者，所以定亲疏、决嫌疑、别同异、明是非也。"而何晏的做法正好符合"定亲疏""别同异"。这完全可以证明何晏是有做人原则的，并且以传统儒家思想要求自己、规范自己。

由于以上几个原因，曹操特别喜欢何晏，对何晏持欣赏、爱护、疼惜的态度。"并宠如子，常谓（何）晏为假子也。"虽然何晏在曹府有寄人篱下的感觉，但是不可否认，早年在曹府，不论是在生活条件还是在个人地位上，对何晏来说都是比较得意的一段时期。

教育与个性

一个人在成长过程之中，其家庭教育是非常重要的，如果能保持良好的家庭教育，将会对一个人的成长起到莫大作用。何晏是伟大的思想家，也会写诗作赋，这与他从小受到很好的家庭教育是分不开的。

曹操的父亲是曹嵩，曹嵩是宦官曹腾的养子。曹腾是西汉名相曹参后代，后来家道中落入宫为宦官。曹腾在宦官一途上飞黄腾达，先是陪侍汉安帝太子读书，汉顺帝时任中常侍。后来他支持"跋扈将军"梁冀，迎立比较容易支配的汉桓帝即位立下大功，被封为费亭侯，先后在朝廷达三十年之久。曹腾死后，养子曹嵩继之为侯。因为曹腾当过宦官，为士大夫所不齿，他们就骂曹氏子孙为"赘阉遗丑"。这话说得可谓恶毒，是骂曹氏子孙都是多余的东西，本就不应该生存在这个世界上。中国文人的笔真是比刀还要厉害，堪比三千毛瑟枪，杀伤力不可小觑。

曹氏家族因为和宦官沾了边，一时半会儿也洗不清了。士大夫的猛烈攻击，再加上曹氏的出身，养成了曹氏家族比较注重实利的个性。士大夫骂他们，不过是逞口舌之快，曹氏家族却沉潜下来逐步发展自己。只有让自己变得强大才能不为人所欺辱，这是曹氏子孙所深深体会到的。所以可以看到，曹操有时候不管伦理道德那一套，只要对自己有好处，他想怎么样就怎么样，他是讲求务实的，在现实之中趋利避害是他的出发点。士大夫虽然激烈抨击曹操，说他无仁无义，但是却拿他没有办法，甚至很多时候他们的命运还掌握在曹操手里。务实是曹氏家族的一大特点。

从曹腾、曹嵩一直到曹操，曹氏家族子孙都担任重要职位，因此家境是富裕充实的。这就有条件重视子孙的教育，"仓廪实而知礼节，衣食足而知荣辱"。所以，曹氏出身不好，但是并不代表他们的文化水平不高。曹操是能文能武的好手，经常在征战期间写诗作文，出口成章，立马而就，"太祖御军三十余年，手不舍书。书则讲武策，夜则思经传。登高必赋，及造新诗，被之管弦，皆成乐章"，像《短歌行》《蒿里行》等名篇都是耳熟能详的。曹操的儿子曹丕、曹植也都是写文章的高手，曹丕的《典论·论文》《燕歌行》，曹植的《白马篇》《洛神赋》等，都是极好的文章，可读可诵。在当时，还有"建安七子"积极进行文学活动，曹魏的文学创作进入了一个崭新时期，这些一起推动了"建安文学"的盛大局面，在中国文学史上留下了华美的一页。有较好的文化修养是曹氏家族的另外一个重要特点。

何晏自幼被曹操收养，为曹操所宠爱，而曹操又经常把他带在身边，曹氏家族的一些风尚特别是文化素养应该对何晏有颇多影响。在青少年时期，何晏估计受了比较全面的教育。读书识字，阅读经典以及诸子百家之书，当是必不可少之事。何晏后来能够创立自己的思想体系，并且被称为玄学祖师、清谈领袖，这段时期的学习与教育是极其重要的，为他以后思想的生发打下了坚实的基础。

何晏在"建安文学"的影响之下，也写下了一些诗歌，太和年间写过《景福殿赋》，正始年间也写过一些，虽然他的诗歌并不多也不精。钟嵘的《诗品》把何晏的诗歌列为"中品"，刘勰的《文心雕龙》说"正始明道，诗杂仙心，何晏之徒，率多肤浅"，这说明何晏的文学创作水平不是很高，属于即时发挥的"玩票"性质作品。但是，他却喜欢并以此为乐，这应当归功于曹操以及曹操周边的人带给他的影响。而何晏也正是在这个环境里积极学习，多方思考，为以后的思想突破做着积淀。没有一个良好的学习环境，很难想象何晏后来能够成为一代思想大师。曹操逝世于220年，何晏当时二十五岁，在这二十几年的时间里，他已经学有所得，并且可以独立思考，思想比较成熟了。

何晏的生活条件虽说是富足的、闲适的。但是，他对此却有些隐隐的不安。何晏内心深处有寄人篱下的感觉。曹操虽然非常喜爱何晏，并且带他出席各种场合，但是何晏却表现出对曹氏家族的一种疏离之感。何晏在出席各种场合的时候故意把自己和曹操的亲生子女拉开距离，他内心其实对自己流落曹家有一些伤心，因为他毕竟是何氏子孙，对自己先辈的辉煌也有所向往。这说明何晏是一个心思细腻非常敏感的人，他悄悄地把自己的真实想法放在内心，不太轻易对别人展示自己的内心情怀。这同时也说明了何晏的个性是非常谨慎的，他不会主动接近某些权贵集团，有时反而刻意保持距离，他应该清楚在曹府这样的大家族，所作所为都可能引来不必要的猜测，甚至猜忌，所以他小心翼翼地处理各种关系，与他们保持适当的距离。这种谨慎的个性，使他偏于个人沉思，从来不张扬，不与人为难。

但是，《三国志·魏志》注引《魏略》却说："（何）晏无所顾惮，服饰拟于太子，故文帝特憎之，每不呼其姓字，尝谓之为'假子'。"说何晏在曹府无所顾忌，性情乖张，衣着穿戴竟然和太子一样，以致曹丕很看不惯何晏，对他厌恶得很。《魏略》的记载是不真实的。理由如下：第一，古代服饰，特别是帝王百官的服饰都是非常讲究的，不能僭越，说何晏穿着和太子一样的服饰，这是罪大恶极的事情，何晏是明白人，不会傻到甘冒生命危险去僭越。第二，曹丕在217年被立为魏王世子，服饰穿着肯定是世子待遇（曹魏后来代汉而立，世子与太子并无分别）。曹丕被立为世子时是三十一岁，何晏二十二岁，如果何晏穿着拟于太子，也只能在这之后。一个二十二岁、思想成熟、心智健全的年轻人做事不可能这么没有轻重。所以，何晏绝无可能在自己寄人篱下的曹府去穿着和太子一样的服饰。

而曹丕之所以对何晏不满是有原因的。何晏到了曹家之后，落落寡合，刻意和曹家人保持距离，给人一种"不识抬举"的感觉，这让身为曹家人的曹丕感觉不舒服。再者，何晏个性谨慎，为避嫌疑不主动接近曹氏子孙，更不会刻意去亲近曹家人，看起来似乎清高自大，一副不可一世的样子，这可能也引起了曹丕的反感。把何晏和秦朗作一个有趣的对比：秦朗之母杜夫人也像何晏之母尹夫人一样被曹操收纳，但是秦朗在曹家，特别是在曹丕为帝以及其子曹叡为帝时，仕途非常顺利，明帝更是以其为顾问，为其建筑豪华府邸居住，宠爱一时无人能比。这是因为秦朗与曹家人走得非常近，同时也在各种亲贵之间打通了关系，凭借着曹氏的庇佑而一路青云。不难看出，秦朗是随机应变、善于把握机会的人，这与何晏是很不同的。所以，曹操死后，曹丕即位，也没重用何晏，曹丕的儿子明帝曹叡继承其父用意，也摒弃何晏而不用。

秦朗与何晏在文帝、明帝时期的不同待遇给人很多感慨。秦朗曲意逢迎，深得文帝、明帝的宠重，而何晏老是和曹家划清界限，和文帝等人关系处得不好，文帝甚至非常厌恶何晏，从来不叫他的名字，总是用"假子"一词来称呼何晏。因为这层原因，何晏在曹操死后的文帝与明帝时期，并没有得到重用，一直闲散无事，而秦朗在两帝面前已经是红得发紫的人了。性格决定命运，这句话有时候是一句真理。

不管怎么样，何晏因为曹操的爱护，各种条件与待遇应该是不会差的。这就使他能够有机会接受良好的教育，从而在各方面丰富与充实自己。而何晏是读书广博并且善于思考的人，他长期生活在曹府，肯定会接触许多政治大事，在对各种事件观察与分析的基础上形成了自己的认识。同时，在曹操身边，他也能够获得许多政治活动的经验。正是有了这些坚实的积累，何晏才能够厚积薄发，完成自己的思想创造。

婚姻生活

根据史书的记载，何晏娶了曹操的女儿金乡公主为妻，至于金乡公主的名字已经不可考了。

在这里，我们不妨先根据已知的史料看看曹操其他女儿的婚姻情况。其一曹节，嫁给汉献帝，被立为皇后；其二曹宪，嫁给汉献帝，为贵人；其三曹华，也是嫁给汉献帝，为贵人；其四清河公主，为曹操与刘氏所生，曹丕的姐姐，嫁给曹操大将夏侯惇之子夏侯楙；其五安阳公主，嫁给曹操的重要谋士荀彧之子荀恽；其六就是上面所说的金乡公主。可以看出，曹操的女儿不是嫁给天子，就是嫁给功臣之后。嫁给天子等于在天子身边安插了眼线，天子也无可奈何，嫁给功臣可以彼此照应，以血缘关系凝聚政治力量，可谓一箭多雕。那么，这些地位犹如公主的曹家女子婚后生活是否如意呢？看看清河公主与夏侯楙的关系。史书上说，夏侯楙贪恋声色，身边有很多女人，清河公主醋吃得很厉害，便联合与夏侯楙有仇的兄弟们告发他。明帝曹叡非常气愤，皇帝的姑姑也敢欺负，那还了得？后来经过查实，夏侯楙并无大罪，于是事情就这样过去了。从中可以得知，清河公主与夏侯楙的夫妻关系并不如意。

再来看何晏与金乡公主。他们两人是何时成婚的，史无明文，据推测应该不会晚于 220 年，即何晏二十五岁之前。理由有二：其一，曹操喜欢何晏，有可能在 220 年他逝世之前把女儿金乡公主许配给他；其二，曹丕很厌恶何晏，在 220 年他即位之后不太会同意把妹妹嫁给何晏。对于第二个理由还有旁证。最初曹操是想把清河公主嫁给丁仪的，但是因为曹丕不喜欢丁仪，就劝曹操把清河公主嫁给了夏侯楙，曹丕是曹操的儿子，父子连心，所以曹操接受了曹丕的建议。丁仪是极其支持曹植的人，曹丕当然不喜欢，所以才劝谏曹操不要把清河公主嫁给他。何晏也是曹丕不喜欢的人，同理，曹丕也不会想把金乡公主嫁给何晏，但是因为何晏是曹操的养子，深受曹操喜爱，曹丕一时也没有办法。所以，金乡公主在 220 年曹丕即位之后嫁给何晏基本不太可能。

当时有一本书叫《魏末传》，顾名思义是讲魏末晋初的事情的，这本书对何晏的婚姻有最早的记载："（何）晏妇金乡公主，即晏同母妹。"初读此文，让人大吃一惊：何晏的妻子竟然是自己的同胞妹妹！这真是匪夷所思，震古烁今。在中国历史上的某些时期，确实存在一些近亲之间的婚姻，一般是表亲，真正的兄妹婚姻在历史上是非常之少见的。何晏真的娶了自己的亲妹妹吗？《魏末传》往后的记叙就露出了马脚，他说金乡公主的母亲是沛王之母，沛王名曹林，是曹操与杜夫人所生，这么说金乡公主的母亲是杜夫人，他的哥哥是沛王曹林。而何晏的母亲是尹氏，不是杜夫人，所以金乡公主和何晏不可能是同一个母亲，所谓的金乡公主是"晏同母妹"，完全是凭空捏造的事情，是对何晏本人的污蔑之词，类似这样的对何晏的污蔑之词在史书上并不少见。我们不能相信注重礼法、处事谨慎的何晏会做这样的事情，如果此事真的存在，在现实之中肯定是沸沸扬扬，满城风雨了，但是，除了《魏末传》的记载，其他史书对此都没有任何说明，所以有理由相信，何晏的妻子金乡公主绝不是何晏的同胞妹妹。曹操因为喜爱何晏，把自己的女儿金乡公主许配给了他，而何晏和曹操并没有任何血缘关系，何晏的母亲尹氏确实给曹操生过一个儿子叫曹矩，但是死得很早，史书上并没有说尹氏还给曹操生了一个女儿。所以，何晏和金乡公主不会有血缘关系。

《魏末传》还说，金乡公主是很贤明的女人，但是何晏却不像一个好丈夫。为什么呢？因为何晏犯了夏侯楙一样的错误——好色。金乡公主很为何晏担忧，认为他这样下去终归会败坏家门。金乡公主的母亲还半开玩笑地对她说，你这样诅咒何晏，是不是嫉妒何晏女人太多啊！《魏末传》的这些记载可能是当时的"小道消息"，传到社会上成为人们茶余饭后的谈资，以博人一乐而已。不过，这些记载里面可能也包含某些真实的历史内容，这就是何晏本人是比较爱好女色的。像何晏这样的富贵公子，身边是不乏女人的，这一点非常像他的义父曹操，曹操本人对漂亮女人的喜爱是极其执着的，或许何晏继承了曹操的这一特点。男女之事总能让人街谈巷议，特别吸引人们的眼球，一千七八百年之前的人们和后来人没有太大差别。

何晏如果真的好色，金乡公主肯定是不满意的，这也给两人的关系蒙上了阴影。史书上说何晏249年被司马懿杀害的时候，还有一个和金乡公主所生的五六岁的孩子。那么这个孩子大约是何晏在243年所生，何晏当时四十八岁，那应该是中年得子。

何晏娶了金乡公主，和另外一个大名士产生了联系，那就是嵇康。嵇康（224~263），字叔夜，"竹林七贤"之一，魏晋风度的积极倡行者。嵇康的妻子是沛王曹林的女儿长乐亭主，而金乡公主是沛王曹林的妹妹，根据这层关系，金乡公主应该是长乐亭主的姑姑，那么何晏就是长乐亭主的姑父，也即嵇康的姑父。何晏是"正始名士"的代表，而他的侄女婿又是"竹林玄学"的代表，历史在这里产生了巨大的巧合，让人感叹造化之鬼斧神工。而后，嵇康被司马昭所杀，历来有不同的说法，当了解何晏与嵇康的关系之后，就对嵇康被杀有更深层次的思考，对其中的真相也就更加明了。何晏忠于曹魏被司马懿所杀，其侄女婿嵇康与他有这么亲密的关系，肯定也是站在曹魏的立场上思考问题，当然也很难逃脱司马氏的毒爪。历史事实证明了这一点。

第 3 章

"黄初" 无事与 "太和" 冗官

220 年是汉献帝建安二十五年，是汉家天下的最后一年，魏王曹操病逝洛阳，享年六十六岁。同年，曹操的儿子曹丕在洛阳称帝，建立魏国，彻底埋葬了东汉王朝。在此之后，221、229 年，刘备、孙权分别在成都与武昌（随后定都建业）称帝，建立蜀汉和东吴政权，中国历史进入纷扰动荡的三国时代。220 年对何晏来说也是有极大影响的一年，因为何晏与曹丕的关系并不好，曹丕当政之后，何晏很不得志，这一状况一直延续到曹丕儿子曹叡在位时期。

"无所事任" 的二十一年

魏文帝曹丕在位七年，他的儿子曹叡在位十四年，前后统治二十一年。这二十一年是何晏很闲散的时期，因为受到压制，在政治上非常失意。而曹丕称帝，何晏已经二十五岁，人已成年，思想成熟，本来可以作出一番事业，但是却因为曹丕的压制而没能得到任何升迁的机会，以致蹉跎岁月如此之久。

曹丕之所以不喜欢何晏，除了何晏不主动亲近曹家之外，还有更深层的原因。这要从曹丕如何取得"世子"地位谈起。

曹操一生共有二十五个儿子，曹丕、曹植是其中最为出名的。但是曹操的长子并非曹丕，而是刘夫人所生的曹昂。197年，曹操征伐军阀张绣，张绣投降了曹操，事情非常顺利，曹操也很满意。但是，曹操看上了张绣的嫂子，并且收纳于自己的怀抱之中。这惹恼了张绣，他一气之下重新造反，偷袭了曹操，曹操没有任何防备，遭受重创。在这一战役中，曹操的长子曹昂为了保护父亲而战死，同时战亡的还有曹操的侄子曹安民、猛将典韦。曹操非常喜欢曹昂，但是却因为自己一时的风流快活而葬送了儿子的生命。曹昂的生母刘夫人早死，曹昂为曹操的原配丁夫人所收养，感情非常深厚。曹昂因为曹操风流丧命，丁夫人气愤之极，因此与曹操反目，使曹操终生后悔。

如果曹昂活着，曹操肯定会让他继承自己的事业。曹昂去世之后，最有可能的继承者就是曹操的次子曹丕以及曹植了。曹操起先看好曹植，因为曹植文采风流，一表人才，与曹操很投机。但是曹植嗜酒无度，又加上不注重仪容小节，甚至为了取得继承人的位子招纳了很多曹操反感的人，比如杨修等。曹植有时候意气用事，不能平心静气地处理各种情况，显得心浮气躁，这也让曹操失去了耐心。有一次曹操让曹植去营救被关羽围困的曹仁，但是曹植却喝醉了酒，让曹操非常失望。而曹丕心思更加细腻，更善于隐藏自己，他表现得谨慎小心、不露声色，在任何地方都没有表现出什么破绽，最终曹丕战胜曹植，当了魏王"世子"，成为曹操的合法继承人。

曹丕是经过艰难险阻才当上曹操接班人的，因此对有能力和他竞争的人，特别是曹魏宗室非常防范、异常猜忌，所以对他们极其严苛。曹丕当上皇帝之后，借机报复，杀掉了一向支持曹植的丁仪、丁廙、孔桂等人。曹丕还把曹植打发出洛阳，让他在地方上为侯，并派人严密监视，限制他的自由，对另外一个兄弟曹彰也是严加防范。曹植在《赠白马王彪》一诗序言中说：他和兄弟曹彰（任城王）、曹彪（白马王）一同回到洛阳，曹彰不明不白地死了，有司（实际上是曹丕）命令他与曹彪赶快离开洛阳回到各自封地，并且在回去的路途中两人不能同路同宿，他很生气，于是写下了这首诗歌赠给曹彪。从曹植的文章中，能够看到曹魏宗王的生活处境是何等艰难，也可以看到曹丕对待兄弟是多么无情。曹丕苛待宗室的政策搞得曹魏诸王生不如死。

在此等恐怖气氛之中再联系何晏的情况，对他一直不受曹丕重用就可以理解了。何晏从小即不受曹丕喜欢，曹丕甚至当众侮辱他，叫他"假子"而不呼其名。曹丕如果不掌权则已，一旦掌权，何晏的前途肯定黯淡。等曹丕做了皇帝，对曹魏宗室的政策非常严厉，尽力剥夺他们的自由，其残忍猜忌的个性表露无遗。何晏自小养在魏宫，被曹操所收继，因此也属于广泛的曹魏宗室之人，受到曹丕的严苛对待是题中应有之义。就是在这种情况之下，何晏只能过着闲散无事的生活。所以，史书对何晏这段生活是如此描述的："故黄初时无所事任。"黄初是曹丕的年号，从220年到226年，史家的话语形象地说明了何晏无所事事的生活状态。在曹丕当皇帝的大约七年时光里，何晏的生活几乎没有留下什么印记。

可是，何晏的这种状态一直没有改变，史书又接着说："及明帝立，颇为冗官。"明帝是曹丕的儿子曹叡，其年号分别是"太和""青龙""景初"，以"太和"年号使用时间最长。何晏可以说比较倒霉，熬过了文帝时期，又碰上了文帝的儿子当政，结果还是不得重用，只能担任一些无足轻重的闲散职位。谁承想，这一闲散，十四年就飘然而逝。那么，魏明帝曹叡是怎样的一个人呢？曹叡的母亲原是袁绍儿子袁熙的夫人甄氏，曹操攻破袁绍根据地邺城时，曹丕冲进袁绍宫城，正碰上袁绍儿媳妇甄氏在那里，他看到甄氏漂亮异常，就收入己怀。甄氏后来给曹丕生了曹叡。但是，不知什么原因，曹丕以后就不大喜欢甄氏了，并且赐死了她。甄氏虽然死了，但是她的儿子最终还是当了皇帝。曹叡这个人心机很重，但从不轻易表露。他总是显得尊重大臣，但是内心却对大臣非常提防，极力把权力掌控在自己手里。有时候他也表现得很固执，听不进不同意见。当然，曹叡也做了一些减轻人民负担的事情，想办法稳定当时的社会局势，也算是有作为的皇帝。但是，他秉承了其父曹丕的用人方略，对何晏弃置一边。这一晃就是十四年！

在曹丕、曹叡当政的二十一年时间里，何晏的很多具体生活情况已不得而知，因为史料的记载非常之少，以至于二十一年的时间可以忽略不计。在如此长的时间里，何晏应该是广泛阅览诸子百家的书籍，并开始逐步形成自己的思想系统。虽然政治失意了，但是在学术思想上却取得了巨大的成功，真可谓"塞翁失马，焉知非福"。世间的祸福、荣辱、得失往往就在一刹那之间，其中的关节谁又能分得清、辨得明？！

《景福殿赋》的深意

何晏在黄初、太和年间的生活并非全然毫无光彩。这段时间，何晏在政治上虽然没有什么作为，但是他却通过文学作品为自己生活的时代留下了一些光影。这就是《景福殿赋》。

《景福殿赋》是何晏留存下来的最重要的文学作品。据《文选》卷十一李善注引《魏略》所说："魏明帝将东巡，恐夏热，故许昌作殿，名曰'景福'。"再查《魏志·明帝纪》，魏明帝东巡在太和六年（232）三月，然后在许昌建立了"景福殿"以避暑，同时命大臣作赋纪念此事。何晏响应曹叡的号召，在太和六年写下了《景福殿赋》，与何晏同时作赋的还有韦诞、缪袭、夏侯惠等人。

何晏的《景福殿赋》，写得铺张华丽，汪洋恣肆，它用优美、绮旎、玄想的文笔，具体描摹了"景福殿"豪华辉煌的皇家气派，大到宫殿的布局和规模，小到门窗与饰件，都极尽夸张铺排之能事。何晏的文笔突出反映了魏晋求美、求丽的风格，是一篇绝佳的赋文。

这篇赋文虽然不可能和其他相同类型的文章相比，但重要的是，《景福殿赋》包含了何晏深刻的思想，在华美文章的背后是一颗细腻深思的炽热之心。中国古代文章有一种"载道"的传统，就是写文章不仅是单纯的感情抒发，还应该在文章里表现经世治国的思想风尚。这一传统源远流长，其影响异常深远。很多赋体的文章看起来华而不实，其实仔细分析起来，它们往往包含着比较多的"言外之意"。这也正契合中国文人的另外一个传统，那就是"讽谏"，即说话不能说得太明白，特别是对帝王说话。说得太明白容易招致祸害，因此不如在文章里绕圈子，表面上看起来是描摹宫殿、都城，但往往在字里行间就会穿插一些作者个人的真实思想，这样帝王看起来有时候虽然也觉得有点"激烈"，但是被华美的文笔掩盖，也就不成问题了。所以，中国古代很多文章看起来是在描述具体的事物，文笔斐然成章，但也隐含了很多个人思想在内，希望通过这种迂回的方法，能够引起帝王对某些问题的重视。

何晏的《景福殿赋》就是一篇表面看起来绮丽而实际上别有深意的赋文。文章一开头就说"大哉惟魏，世有哲圣"，字面上看这是阿谀奉承明帝，在捧明帝，其实这都是形式上的技巧，既然皇帝都爱听好话，那就应付他一下。文章对"景福殿"的壮丽极力描摹，说它"皓皓旰旰，丹彩煌煌。故其华表，则镐镐铄铄，赫奕章灼，若日月之丽天也"，景福殿美轮美奂，简直可以与日月星辰争光，这是从外观来看。如果从细部来看，何晏是这样描述的："陆设殿馆，水方轻舟。……虽咸池之壮观，夫何足以比仇。"宫殿之内布满各种作物，水上行驶轻舟，就连传闻中蓄养五谷的"咸池"，也比不上景福殿内的植物与水源的茂盛。这一连串的描述，可以说把景福殿捧上了天，在表面上是对皇帝的歌颂，让皇帝看起来很舒坦。

何晏的真实想法则都隐藏在了华美的文句背后，其中比较重要的思想有如下几端：

首先，初步提出了无为而治的思想。无为而治是道家的主要思想，老、庄等反复论说过这一思想的重要性。道家主张，对于任何事情都应该顺其自然，按照事情本来规律办事，而不要去人为地强求，更不要不顾事物本身的规律而去改变它自身的发展。在事物运动变化的过程之中，因为我们不去人为改变事物本身，因此更能看清事物的本质，从而把握其主要方面而为我所用。无为是一种思想方法，并不是最终目的，通过无为而达到无不为才是根本归宿。因此，对于很多违背事物规律的行为，道家是极其反对的。比如，用严刑峻法去镇压人民，道家认为这是不好的，应该减轻刑罚去疏导人民，最终让人民心服口服。何晏在《景福殿赋》中说："远则袭阴阳之自然，近则本人物之至情。上则崇稽古之弘道，下则阐长世之善经。庶事既康，天秩孔明。故载祀二三，而国富刑清。"何晏认为，政治统治应该自然而然，考虑人民的实际情况，然后学习古代治理国家的方法，如此坚持下去，就会使国祚长久、国家富裕，并且还不用使用很多刑罚，真是做事简单而收获不菲。何晏的这种思想有比较浓厚的道家意味，提醒统治者应该顾及人民的实际情况，根据具体、真实的社会现实处理政事，这样人民会拥护国家，国君也不会很操劳。何晏还说统治者应该"钦先王之允塞，悦重华之无为"，这里所说的"重华"，是指古代的贤王舜，他能够不去打扰人民，实行无为而治，最终使得盛世到来。何晏认为，这种古代贤王的无为而治的思想，统治者应该好好学习。无为而治是何晏思想里面的一个重要部分，虽然因为《景福殿赋》是文学作品，他的这一思想没有完整地展现，但已经透露了一些趋向。

其次，提倡重用人才、仁义施政。何晏说："故将广智，必先多闻。多闻多杂，多杂眩真。不眩焉在，在乎择人。故将立德，必先近仁。欲此礼之不愆，是以尽乎行道之先民。"何晏认为，施政最为重要的在于得到人才，只有拥有有着良好素质的人才，国家才能够兴盛繁荣。任何事情也比不上这件事重要。同时，统治者应该实行仁政，作人民的道德楷模，这样就会引导大众积极向善，国家就肯定会蒸蒸日上。何晏的建议其实是一针见血的，任何统治都是以取得良好的人才为首要条件的，得人不但能得天下，还能坐天下，人才的重要性不言而喻。何晏这些"纳贤用能"的思想，应该说是非常可贵的，人才是政治成功的根本，这个道理虽然很多统治者都明白，但是没能真正领会到其深层意思，何晏的提示表现出了他的远见。

再次，应该重视民生疾苦。何晏说："睹农人之耘耔，亮稼穑之艰难。惟飨年之丰寡，思无逸之所叹。感物众而思深，因居高而虑危。惟天德之不易，惧世俗之难知。……亦所以省风助教，岂惟盘乐而崇侈靡？"何晏认为，广大人民的生活是非常艰苦的，统治者应该深刻体察大众的生活，明白民生之艰难。统治者只有懂得了人民的疾苦，居安思危，才能保证统治的长久太平。民生得到改善，社会风俗纯净良好，整个社会就会积极上进，才会安如磐石。何晏对民生的重视也是非常难能可贵的，因为上层统治者往往站在高处俯视人间，不会真正知道民间生活状况到底如何。何晏提醒统治者，不能老是脱离群众，而应该多多关心群众，认识到他们生活之不易，从而也有助于改进治理方式。何晏的这个想法也是很有意义的。何晏建议，应该用切实的方法，改善人民的物质生活，提高他们的精神生活水平，这样才能收拾人心，为我所用。

最后，对曹魏王朝提出殷切期望。何晏期望曹魏王朝能够振作精神，实现一番大的变革，然后成就一个盛世局面。他说："是以六合元亨，九有雍熙。家怀克让之风，人咏康哉之诗。莫不优游以自得，故淡泊而无所思。列辟而论功，无今日之至治。彼吴蜀之湮灭，固可翘足而待之。"何晏认为，经过统治者的努力，应该造就一个风俗纯美、和平安宁的盛世，人们生活其间，会感受到社会的祥和、生命的愉悦，人们没有痛苦，没有悲哀，世间充满了快乐与欢笑。何晏进一步认为，这样的社会如果能够实现，魏国消灭蜀汉与东吴政权，完成全国统一，那是易如反掌的事情。他直接对明帝曹叡说："然而圣上犹孜孜靡忒，求天下之所以自悟，招忠正之士，开公直之路，除无用之官，省生事之故。……方四三皇而六五帝，曾何周夏之足言！"何晏说，明帝曹叡做到了重用贤才、广开言路、精简官吏、降低用度，真正可以成为"三皇五帝"那样的圣贤明王，即使夏商周这样的黄金时代也比不上曹魏王朝。这里与其说何晏在称赞曹叡，不如说是在对曹叡提出期望，因为明眼人都知道，何晏所说的社会要求太高了，绝不是一朝一夕所能达成的。何晏其实是在鼓励曹叡，期望他能够带领曹魏王朝干出一番大事业。何晏的良苦用心于此可见一斑。何晏通过这种方式反映自己的政治主张，这说明他在明帝时期地位非常之低，明帝视何晏为文学侍从之人，而非有政见能主事的干练之臣。

分析完了何晏这篇洋洋洒洒的《景福殿赋》，对何晏的用意以及主要思想已经一清二楚。何晏只是借这篇赋文，表现自己的政治观点，漂亮文辞的下面是何晏对政事的关心。何晏在字里行间向曹叡暗示，曹魏王朝应该作一番改革，调动自身的积极性，创造出无愧于时代的美好画卷。至于曹叡是被文章表面的文辞吸引了，还是参透了文章中隐含的思想，甚或是一笑了之，我们都已经无从得知了。所能知道的是，这一篇赋文包含了何晏太多隐秘的心思！

"浮华案"的真相

何晏写好《景福殿赋》一文，采用迂回的方式表达了自己的政治观点。之后不久，又发生了一件对他影响很大的政治事件，这就是"浮华案"。

简单地说，"浮华"就是指知识分子之间互相交游结党，评议时政，从而带动舆论的方向。在中国古代，帝王除了害怕皇位易手之外，最害怕的就是官僚、士人结党，议论政事，怕他们带给普通老百姓不良的影响，从而扰乱社会人心。

"浮华"问题成为一股政治潮流是从东汉末年开始的。两汉以来的选官制度主要是察举制，就是通过"乡举里选"，让地方上根据人们的道德才能选拔名副其实的官吏。这种选官制度在实行初期是非常好的，确实选拔了不少德才兼备的官员。但是，在实际的运作过程之中，道德才能又很难量化判断，于是就开始偏向于根据人们在地方上的威望来选取官吏，谁的威望越大、评价越高，就有更多机会步入仕途。当时的一些士人为了达成"学而优则仕"的目的，逐步开始为自己获取名誉。这样，不少人就广泛交游，拜访名士，希望在这个过程中得到官僚、名人的高度评价，从而为进入仕途作好准备。这种风气愈演愈烈，导致很多人都去交游结党，互相品题，耸动名声。主持选举的官员不得不照顾这些人的声望，从而给予了他们一定的职位，如此下去就有很多没有实际才能的人混进官场，引起了统治者的不满。同时，这些士人互相制造名声，整天纠集在一起，也被统治者认为是不利于政权的表现，所以对于类似的"浮华"事件往往给予严厉打击。

曹魏王朝对此一向是采取高压政策的。曹操用人主张量才授官，按照每个人的实际才能给予官职，如果没有才能，就是声望再高也不可能给予高位。因此，曹操对这种"浮华"的事情非常愤恨。孔融是孔子后裔，在东汉末期的名士中声望很高，但是曹操认为他与很多名士互相来往，故意制造名声，是"浮华交会之徒"，因此将孔融杀死。

但是，这种名士互相交游、互相品题、清议时政的行为一直没有禁绝。魏明帝曹叡太和年间，一批青年显贵知识分子，又在洛阳聚在一起。他们多是青年才俊，富有激情与理想，并且学识渊博，言谈出众，风采骄人。他们或是评议时政，或是鉴识人物，或是清谈玄理，因缘际会，凑在一起。何晏也参加了他们的活动，可能还是这些活动的组织者和领导者。其他比较著名的人物情况如下：

夏侯玄（209~254），字太初，沛国谯（今安徽亳州）人。三国时期曹魏大臣，玄学家，曹魏征南大将军夏侯尚之子，才华出众，一表人才，先后为散骑黄门侍郎、征西将军、大鸿胪、太常等。因鄙视明帝皇后弟弟的为人，而不与之同坐，引起明帝不满，被降职为羽林监。曹爽集团被剿灭后，中书令李丰、光禄大夫张辑等人欲发动政变，诛杀司马师，改立夏侯玄为大将军，计划失败，夏侯玄、李丰、张辑等人被杀害，夷三族。

诸葛诞（？~258），字公休，琅琊阳都（今山东沂南）人。

三国时期魏国将军，汉司隶校尉诸葛丰之后，在魏官至征东大将军。他曾与司马师一同平定毌丘俭、文钦的叛乱。于甘露二年（257）起兵反抗司马氏，次年被镇压，夷三族。

邓飏（？～249），字玄茂，南阳新野（今河南新野）人，东汉名将邓禹之后。魏明帝时曾任尚书郎、洛阳令、中郎、中书郎等职。曹爽当权期间，出任颍川太守、大将军长史。曹爽败后，被司马师诛杀，夷三族。

李胜（？～249），字公昭。因劝张鲁内附，赐爵关内侯，曾任太守、议郎等职。后为司马师诛杀，夷三族。

丁谧（？～249），字彦靖，沛国谯（今安徽亳州）人，丁斐之子。魏明帝曹叡时为度支郎中，明帝崩后，曹爽辅政，被提拔为散骑常侍，转尚书。曹爽败后，被司马师诛杀，夷三族。

刘熙、孙密、卫烈三人，分别为中书监刘放、孙资、吏部尚书卫臻之子。

以上诸人聚在一起，评论时政，裁量公卿，影响非常之大。他们的仪容风神，谈辩时的容貌气度，都被时人所赞赏，所称颂，所摹习。《三国志》卷二八《诸葛诞传》注引《世语》说："是时，当世俊士散骑常侍夏侯玄、尚书诸葛诞、邓飏之徒，共相题表，以玄、畴四人为'四聪'，诞、备八人为'八达'，中书监刘放子熙、孙资子密、吏部尚书卫臻子烈三人，咸不及比，以父居势位，容之为'三豫'，凡十五人。"用"四聪""八达""三豫"等来评价名士，这也是东汉末年以来的习惯做法，如东汉有陈蕃等"三君"、郭泰等"八顾"，以后的"竹林七贤"也是类似的称呼。这样的称谓表明了时人对这批名士的看重，他们的言行影响人们的行为作风。

这批人基本上都有很好的家世背景，出身比较显贵，并且年龄大致相仿，所以他们能够聚在一起，就许多共同关心的话题进行深入探讨。可以想象当时的场面是非常热烈的，他们也是非常投入的，提出了很多建设性的意见，对当时的人物与政治各自发表了不同的看法，表现了青年人的热情，也见证了他们的思想冲击力。这种带点"政治沙龙"气氛、自由探讨的思想空气，给当时的思想界带来了一股清风。

何晏积极参加了名士们的聚会与活动，凭借何晏的学识和风采，他应该是这个聚会中的核心人物之一。有证据表明，司马懿之子、司马昭之兄司马师也参与了这样的名士聚会，史书载："初，夏侯玄、何晏名盛于时，司马景王（司马师）亦预焉。（何）晏尝曰：'唯深也，故能通天下之志，夏侯太初（夏侯玄）是也；唯几也，故能成天下之务，司马子元（司马师）是也；惟神也，不疾而速，不行而至，吾闻其语，未见其人。'"文中所说的"司马景王"就是司马师，这个"景"字是司马师的侄子司马炎建立西晋之后给予伯父的"谥号"。"夏侯太初"是夏侯玄，"太初"是他的字。何晏认为，夏侯玄深刻，能够领会很高深的道理；司马师机变，能够建立功业。但是"深"与"几"可能都有欠缺，唯一圆满的是做到"神"，如此才能出神入化，外人莫测，这是最高的境界，很少有人达到。何晏的话似乎是在贬低夏侯玄和司马师，而自认为是最高境界的人。其实，何晏的话说明，至深的道理要想再"攀登"到新的高度是有极大难度的，因此必须慎重对待，不能随便降低要求。何晏和夏侯玄是名士聚会的领袖，在这些活动中起到了举足轻重的作用。

但是，何晏等人的议论政事，引起了明帝的不满。因为他们评议时政，在社会上造成了影响，他们的观点和思想引导人们关注的目光，甚至搞乱了国家宣传的意识形态和价值趋向，国家的政治"话语权"无形之中被他们这批名士给逐步剥夺了。这种带点"分权"色彩的"政治沙龙"，明帝绝不允许，他秉承祖父曹操的政策，开始向这批"浮华"之士动手。

在太和四年（230），明帝就曾下诏指出：汉魏以来社会动乱，儒学受到冲击，年轻人的思想和学习没有标准可以遵循，甚至违背经典，这实在是国家教化不够。从今往后，青年人应该积极学习儒家经典，考试也要考这些内容，那些虚夸不够务实的"浮华"作风都应该废除掉。这等于公开宣布，名士的聚会扰乱舆论，没有实际价值，都应该取缔，为官者不准选用这批人。明帝的这一诏书，虽然明确了对"浮华"的态度，但是尚没有严格执行。真正执行是在两年之后的太和六年。这一年，身为司徒、已经八十一岁的老臣董昭向明帝上了奏章，坚决主张对"浮华"分子要给予严惩。他认为这批名士有罪，一是"毁教乱治，败俗伤化"，搞得大家都去追逐浮名，没有人认认真真做事；二是"不复以学问为本，专更以交游为业"，人们只想着交游扩大利益，而不去研习学问；三是"合党连群，互相褒叹"，人们结党营私，投机取巧；四是"交通书疏，有所探问"，人们挖空心思，走上层路线，干扰了正常的行政。明帝看了董昭的奏疏，气愤异常，他想到两年之前颁布的处理"浮华"问题的诏书竟然没起到什么作用，于是"帝以构长浮华，皆免官废锢"。所有"浮华"之士免官，在数年之内不允许他们继续步入仕途，等于阻断了这些士人上升的道路。

"浮华案"发生后，何晏、夏侯玄、诸葛诞、李胜等人全被免官，遭到严厉的打击。明帝用强硬政策压制了名士的活动，这说明他要把人物评价、官僚选拔的权力完全掌握在自己手里，而不是凭那些名士们制造的名声去任官。这之后，许多太和"浮华"案的人物被打入底层，在明帝在位期间没有任何升迁的机会。何晏也面临相同的命运。直到明帝死后，他的儿子齐王曹芳继位，这些名士们才重新踏上政治舞台，并且主持了正始时期的政治革新运动。

审视名士们的"浮华"活动就会发现，他们的许多思想还有做法等于是在正始之前的一次政治试验活动。他们对政治革新的关注、对新思潮的兴趣，都在他们的聚会之中显示出来。七八年后，当他们再次登上曹魏政治的舞台，将会上演一场更加轰轰烈烈的运动。何晏会把在太和年间的政治探索搬上正始时期的场地，力图开辟一个新时代。

新思潮的涌动

何晏在明帝统治时期，基本上不受重用，被闲置一旁。明帝想用他的时候，偶尔会让他做做文章，以给大魏王朝歌功颂德。在很多时间里，何晏把不少精力投入结交志同道合的朋友，并且和他们清谈，互相交流，或者探讨学术问题，或者评议时政。这引起了明帝的不满，他们的活动遭到压制，很多人受到打击。但是，这些名士的活动却显示出一种新的气象，涌动着新的思潮。

这些新气象中很重要的一个方面是对人物气质的推重。这里所说的气质不单纯是外在仪容，外在气度，而是能够领会天地自然之道并与之呼应的精神力量。简单地说，魏晋时期人们欣赏那种仪容超群、神清气闲的人，他们具备一种超脱群萃的人格、摄人心魄的魅力。这是因为，他们领略了大道的运行，并且能够把这种至高的精神力量在言行举止中表现出来。当时的人们用各种美好的言辞来形容士人的风度。

何晏姿容秀丽、皮肤白皙，"行步顾影"，而为人所羡慕，这里不仅仅指何晏的外表出众，也说明何晏想表现一种潇洒超脱的风神。何晏和夏侯玄都是太和"浮华案"中的重要人物，夏侯玄也显示出让人惊叹的气质。

夏侯玄在明帝时期声望很高，社会舆论盛赞他，认为他是百里挑一、举世无双的人物，甚至他出席宴会，即使最后到来，大家都起座相迎，目光围绕他而转动。夏侯玄后来被司马师借故杀掉，结果他的名望反而更大，更加被人怀念。史书上对夏侯玄不吝褒扬之辞，说他是"玉树"，又说他"格量弘济""朗朗如日月入怀""宇量高雅，器范自然，标准无假""风格高朗，弘辩博畅"，这些美好的词语，生动地显示了夏侯玄的恢宏气度、超人风姿、拔萃神采，这种外在展现出来的优美气质折服了众人。这里的"自然"指自然而然，指按照事情本来面目去处事，做人不矫揉造作，同时不去在乎别人的评价，而是追求一种本真的自我。夏侯玄具有超脱的个性，并且保持做事的简单纯粹，难怪他得到了人们的敬慕。

如果外在的气度还不能说明什么问题的话，临大事而不变的镇静洒脱更能展示出夏侯玄的名士风采。一次，夏侯玄倚靠着柱子写文章，一声炸雷劈裂了柱子，把夏侯玄的衣服也烧焦了，但是夏侯玄表现得若无其事，照常继续写作，而周围的人都被雷声吓坏了。"神色无变"很形象地描绘了夏侯玄的气度，他对待意外事故从不惊慌，而是从容不迫地处理，显示了超人的镇定与风度。这看来不是常人所能做到的。而夏侯玄被司马师所杀害时表现出的过人气度，更是常人难以想象的，"临斩东市，颜色不变，举动自若"。可以看出，对人物气质、精神的重视，强烈反映了这批名士的人格，也是他们的自觉追求。因为潇洒超脱气质、忘掉生死的淡然，正好契合了"道"的要求。"道"是什么呢？就是自然而然，就是物我两忘，然后能够实现至高的精神追求，真的做到"不以物喜，不以己悲"，从容镇定，无往而不利。这是以后正始时期的玄学家所追求的，在何晏、夏侯玄等人身上已经初步表现了出来。

太和名士活动显示的另一个新思潮是对人物品鉴的重视。人物品鉴的风气东汉已有，但魏晋更为发达，人们喜欢用简洁的话语评价人物的德行、才能等各方面的情况，经过了这种人物评价，很多人可能就会受到朝廷重视，然后可以做官。史书上说何晏"以材辩显于贵戚间"，所谓"材辩"就是指人物品鉴，通过观察人物的外貌、言行、气色，从而对人物的今后情况作些预测，当时很多人都是这方面的专家。"材辩"说白了就是一个名实问题，根据人物的外在情况判断他以后的作为，如果两者相符，那么作出判断者就是善于知人的，所以这种人物品鉴注重"以名求实"和"以实责名"，即从理论回到现实，又从现实考验理论。何晏对此非常精熟，他能从外在表现判断一个人，大家根据这个人的所作所为就会发现何晏讲得往往很正确，这表明他有很强的理论功底，是人才品鉴的大家。

何晏在太和名士活动中对人物的品鉴保存下来的资料不多，有一处上文已经提到，就是评价夏侯玄、司马师的。他说夏侯玄"能通天下之志"是"深"的表现，司马师"能成天下之务"是"几"的表现，而能做到"不疾而速，不行而至"的"神"的人却没有。从何晏对人物的评价，可以明显地看到，他非常注重人物的神韵以及见识，是一种略形取神的做法，就是不太看重人物所表现出来的很直接的一面，而更加注重人物内在的、最根本的东西。这种人物鉴识的方法，在魏晋时期是经常采用的，也被很多名士所吸收使用。他们都普遍认为，人物的见识、神韵更胜于外在的相貌、事功。这种人物鉴识的方法，实际上是忽略外在形形色色的东西，而直接接触事物的根本，这样才能把一个人认识清楚。何晏的人物鉴识方法正好预示了以后玄学的发展方向。

太和名士另一个能够显示新思潮的方面是他们积极的清谈热情。清谈本来是对政治表达看法的议论，只是谈出而未必去实行。清谈可以谈政治，也可以谈其他问题，比如哲理、人物等等。在清谈的初期，谈政治可能占了很大的比重，这就使清谈有点类似"政治沙龙"的性质。太和名士们聚在一起谈政治，这样就会深化一些认识，提出一些政治观点，虽然有时候这些谈论只能停留在表面而不会去实施。这种经常性的"政治沙龙"为名士们提供了施展才华的舞台，一方面可以尽情地表达自己的观点，互相探讨问题；另一方面，在探讨问题的时候就会把一些辩论的技巧以及辩论的程序逐步固定化，给以后玄学的到来提供了一个样板。太和名士们聚众清谈，也在社会上制造出了舆论，引起了一定的震动，带动了一批人的关注。同时，清谈的内容很广泛，不固定在政治方面，很多哲理都可以去谈，这样就使很多问题深化了，长此以往，清谈的名目、清谈的深度以及清谈带给大家的乐趣就逐步传播开来。所以何晏、夏侯玄、邓飏等人的清谈，在当时引起了巨大反响，不管对其所谈内容同意与否，大家都认识到了清谈的极大能量。这对以后的玄学有启发意义。

何晏等人在太和时期的清谈活动影响很大。很多名士都喜欢围绕在他们周围，甚至要挤进他们的圈子。但是，有一个叫傅嘏的人却对何晏等人抱有不同看法。《三国志·魏书》卷二十一《傅嘏传》注引《傅子》说："（何晏等）求交于（傅）嘏而不纳也。（傅）嘏友人荀粲，有清识远心，然犹怪之。谓嘏曰：'夏侯太初一时之杰，虚心交子，合则好成，不合则怨至。二贤不睦，非国之利，此蔺相如所以下廉颇也。'（傅）嘏答之曰：'泰初（夏侯玄）志大其量，能合虚声而无实才。何平叔（何晏）言远而情近，好辩而无诚，所谓利口覆邦国之人也。邓玄茂（邓飏）有为而无终，外要名利，内无关钥，贵同恶异，多言而妒前；多言多衅，妒前无亲。以吾观此三人者，皆败德也。远之犹恐祸及，况昵之乎？'"傅嘏的话语极不可信。第一，按何晏的皇亲国戚地位，没有必要主动结交傅嘏，以何晏的秉性也绝不会屈尊以就某人；第二，傅嘏当时并没有很高的地位，难以和何晏等人相提并论，所以所谓的"二贤不睦，非国之利"没有有力根据；第三，傅嘏的论述，证明他已经提前知道了何晏等人最后悲惨的下场，这是不可能的，谁也没有未卜先知的才能，这样的话语只能是事后的追补。进一步追溯史料来源就会发现，傅嘏评价何晏等人的话语来源于《傅子》，它的作者是傅玄，而傅玄是傅嘏的从弟。傅玄是司马氏的死党，而何晏等人忠于曹魏，是司马氏的仇敌，所以傅玄在著书的时候，为了避开和何晏等人的关系，就拼命地说他们的坏话，这样也是在为其从兄傅嘏作回护。所以，傅嘏所说丑化何晏等人的话语有很大的虚假性。

但是，在《傅子》的记载中也能发现一些历史的真实。《傅子》中说傅嘏不愿与何晏等人结交，这让另外一个名士荀粲感到奇怪，这从反面证明，更多的人是喜欢和何晏等人结交并与他们清谈的，真正像傅嘏一样不喜欢他们的人毕竟是少数。正因为此，傅嘏的不同常人的表现，让荀粲感到非常吃惊。同时，通过傅嘏对何晏等人的评论，也能反映很多问题。傅嘏说夏侯玄"志大其量，能合虚声而无实才"，这说明夏侯玄胸有大志，并且善于谈理，在这方面具有高深的水平；傅嘏评价何晏"言远而情近，好辩而无诚"，这说明何晏清谈才能非常高超，辞旨玄远，在和别人的辩论中往往能够取得胜场，这是何晏的看家本领；傅嘏说邓飏"多言而妒前"，这说明邓飏也是善于玄谈的，并且才能和夏侯玄、何晏等人有一拼。

傅嘏对何晏等人的评论所透露出的信息是，何晏等名士善于清谈，他们志同道合，并且都具备很高才能，他们的清谈活动引起了很多士人的参与和羡慕，在社会上造成了较大的影响。这种新的思潮在社会上涌动，最终给正始玄学的出现制造了很大的舆论环境。这批青年士人也大部分成了正始时期何晏改革的积极参与者。

第 4 章

有志革新的思想家

　　景初三年（239），魏明帝曹叡逝世。在这之前，曹叡对后事作了交代，让曹芳继承他的位子，并命曹真之子曹爽与司马懿辅政。曹叡的这一安排给大魏王朝留下了隐患，后来正是这个司马懿逐步篡夺了曹魏的皇权。当初，曹叡本来打算让曹操的儿子燕王曹宇为大将军辅政，但是据说曹宇为人谦恭，坚决不接受曹叡的命令，曹叡最后只得让曹爽和司马懿担当大任，以曹氏宗亲曹爽为主。

　　明帝之死，给何晏带来了机会，让他由以前的被压制状态一下子走上了政治的前台。曹芳当政的正始（240~249）十年，是何晏一生最为辉煌的时期，他谋划实施改革，展示自己的政治抱负，同时，这一时期他的玄学思想也日益成熟、日臻完善，成为一代清谈大师，并且提拔了很多的年轻人。当然，这十年也是他在各种政治风雨中感到比较惶恐的十年，其间各种政治派别、各种政治仇敌的打压，都让他感到苦涩。

改革的背景

何晏之所以在正始时期受到重用，并尽力去实现自己的政治抱负，这与一个人的看重有关，他就是曹爽。

曹爽（？～249），字昭伯，小名默，沛国谯人。曹爽是大司马曹真之子，和魏明帝曹叡关系非常好，很得明帝器重。明帝继位后，一直提拔曹爽，先后让他担任过散骑侍郎、城门校尉、散骑常侍、武卫将军等职。明帝临死之前，让他做顾命大臣，辅助曹芳。在明帝当政的晚期，很多曹魏的功臣宿将已经去世，如夏侯惇、夏侯渊、曹仁、曹洪、曹休、曹纯、曹真等人，所以曹魏王朝的人才后继不足，特别是带兵打仗之人。让曹氏宗亲曹爽当辅政大臣，是属于"矮子里面拔将军"的无奈行为。这给以后的政权转移埋下了伏笔。

曹爽依靠父亲曹真的声望，当上了辅政大臣。为了巩固自己的地位，他大力提拔自己的亲信，如夏侯玄、何晏、邓飏、李胜、丁谧、桓范、毕轨等。夏侯玄是夏侯尚之子、曹真外甥，与曹爽为表兄弟。曹爽辅政之后，提拔夏侯玄为散骑常侍、中护军、征西将军；邓飏，东汉开国功臣邓禹之后，被曹爽任命为颍川太守、大将军长史；李胜，"少游京师，雅有才智，与曹爽善"，被任命为洛阳令；丁谧，其父丁斐为曹操旧将，被任为散骑常侍、尚书；桓范，建安末入曹操丞相府，后被曹爽任为大司农，号称"智囊"；毕轨，其子尚公主，被任为中护军、侍中尚书、司隶校尉；何晏被曹爽任为散骑常侍、侍中尚书、吏部尚书，主管选举，权力很大。曹爽政治集团成员大部分都是皇亲国戚，都是和曹魏宗室有亲密关系的人，要不就是曹魏旧臣，因此他们能够互相援引，谋图集中政治权力。这些人中，除了桓范、毕轨等人年龄较大之外，其他大部分人都比较年轻，具有激情和活力。

曹爽一掌权就给予自己信任的人以官职，加强权力的集中，并开始策划进行政治革新。其目的非常明显，就是剥夺司马懿的权力，树立以他为首的辅政大臣的权威。在这一点上，何晏是赞同并支持的，因为树立了曹爽的权威也就等于保卫了曹魏政权，可避免落入异姓之手。

司马懿（179～251），字仲达，河内温（今河南温县）人，出身官宦世家。他行事谨慎，颇有智谋，同时也是一个隐忍的高手。他二十多岁时做了曹操的丞相府文学掾，据说曹操对司马懿的印象不好，认为他有"狼顾"之相。因为狼生性多疑，走路的时候经常回头张望以确保自己安全，曹操认为司马懿有"狼顾"之相，无疑是说司马懿多疑并且残忍。连曹操对司马懿都比较担心，由此可见司马懿的个性和为人。但是，司马懿废寝忘食、勤勤恳恳工作，逐步打消了曹操对他的怀疑。后来司马懿做到了黄门侍郎、议郎、丞相东曹掾属、丞相主簿等职。

司马懿的好运到来是在曹丕继位之后，曹丕让司马懿做尚书、御史中丞、抚军大将军，甚至曹丕外出征战的时候，就把后方的权力交给司马懿，可见曹丕对司马懿的信任与器重。这表明，司马懿已经成为曹氏政权的核心人物。曹丕时期，司马懿四十岁左右，政治经验和谋略都已经很成熟了。曹丕去世后，司马懿与曹真、曹休、陈群共同辅佐明帝曹叡，从此开始走上了政治前台。另外，司马懿有很高的军事才能，比如南擒孟达、西据诸葛亮、东平辽东公孙渊等都是他的军事杰作。他不但建立军功，而且还牢牢掌握了军事大权，培养了自己的势力。

在司马懿周边围绕着一批人，他们是司马孚、卢毓、孙礼、刘放、孙资、高柔、王肃、王观、傅嘏等。

司马孚（180～272），字叔达，是司马懿之弟，曾经担任曹植的文学掾，性格非常谨慎。

卢毓（183～257），字子家，涿郡（今属河北）人，父亲卢植为经学大师。卢毓由崔琰荐举为冀州主簿，后进入曹操丞相府，官至吏部尚书、司空。他主张改革官吏选举考课制度，制定《考课法》。

孙礼（？～250），字德达，涿郡容城（今河北容城）人。曹操时任司空军谋掾，徙鲁相。后为阳平太守、尚书。与曹爽不合。曹爽任其为扬州刺史，加伏波将军，赐爵关内侯。曹爽伏诛之后，又为司隶校尉，后升任司空，封为大利亭侯。

刘放（？～250），字子弃，涿郡人，东汉皇室后裔，后归附曹操，任司空府掾属。魏国初建，与孙资俱任秘书郎。曹丕继位后，刘放任中书监。曹叡继位后，刘放不断升迁。曹芳在位期间，刘放以年老退位，不久病逝。

孙资（？～251），字彦龙，太原中都（今山西平遥西北）人，任曹操丞相府掾属。后任侍中、光禄大夫、中书监，帮助司马懿做上了辅政大臣。

高柔（174～263），字文惠，陈留圉（今河南杞县南）人，族兄高干是袁绍的外甥。先后为尚书郎、颍川太守、法曹掾、治书侍御史、廷尉。明帝即位，封延寿亭侯，后迁司空、司徒。曹爽败后晋封万岁乡侯。

王肃（195~256），字子雍，东海郡郯（今山东郯城西南）人，荆州古文经学学者，父亲王朗为曹魏名公，王肃女嫁司马懿之子司马昭，与司马懿为儿女亲家。曾任中领军、散骑常侍，死后被追赠为卫将军，谥称景侯。

王观，字伟舍，东郡廪丘（今范县东南）人。曹操召为丞相文学掾，文帝时为郡太守，屡迁至司空，晋封阳乡侯。司马懿为太尉时，任王观为从事中郎。

傅嘏（209~255），字兰石，北地泥阳（今陕西耀州区东南）人，是傅介子之后人。伯父傅巽为魏侍中、尚书，傅嘏初为陈群司空掾，司马懿为太傅时，任其为从事中郎。正始初年，官除尚书郎，迁黄门侍郎。司马懿诛曹爽，任傅嘏为河南尹、尚书。

这批人多为曹操时期的老臣，或者与司马氏有姻亲关系，年龄偏大，不喜欢触动现有的政治状况，他们大多富有政治经验，对曹爽等纠合年轻人的行为看不惯。

可以说，明帝一死，曹爽与司马懿共同辅政，两人逐步势成水火。曹爽被明帝任为"大将军，假节钺，都督中外诸军事，录尚书事"，司马懿为"侍中，持节，都督中外诸军，录尚书事"。在权力设置上曹爽略高于司马懿一筹，更为重要的是曹爽乃曹魏宗室子弟，具备先天的优势，名正言顺，自然风头无两。而司马懿老成持重，善于伪装，做事隐忍，在军中有一批死党。他们的斗争自然是不可避免的。

曹爽集团与司马氏集团的斗争表面上似乎还比较平和，但是暗地里各出损招对付对手。曹爽的第一步是对司马懿明升实降，让司马懿做太傅，剥夺他的权力。曹爽的第二步是培植个人势力，大力提拔年轻人参政。曹爽任命何晏、邓飏、丁谧为尚书，何晏掌握选举，控制了官吏选拔权力，中央行政机构的用人权落入曹爽之手；让毕轨为司隶校尉，李胜为河南尹，从而加强了对京师地区的控制。几乎就在同时，曹爽又让二弟曹羲为中领军、曹训为武卫将军，夏侯玄为中护军，取得了对禁卫军的控制权。曹爽是要通过这些措施把司马懿的权力都剥夺干净。

而司马懿也不甘示弱，积极发挥了自己的军事优势。正始二年（241），司马懿请求亲自率军讨伐进攻芍陂、樊城和桓中的吴军。正始四年，司马懿率军反击吴将诸葛恪于皖城。这些军事活动增加了司马懿的威望，给曹爽集团带来了压力。因此，曹爽、夏侯玄在正始五年发动了征伐蜀国的骆谷之役，想要给自己建立"威名"。但是，这次军事行动徒费粮草，没有收到任何效果，反而让人们看清了曹爽集团不善于征战的短处，曹爽的声誉也因此大损。

在正始初期，曹爽集团与司马氏集团的斗争从一开始的暧昧到最后的明朗，火药味越来越浓。因曹爽而结合起来的这一批年轻士人，急欲在政治上大有作为，一是可以巩固自身地位，二是能够在和司马氏集团的斗争中获得先机。在这种状况之下，曹爽集团进行了一系列改革，而何晏对此也积极参与。

改革的内容

何晏在正始时期任散骑常侍、侍中、吏部尚书，主管曹魏的选官用人，权力很大，地位很高，在曹爽集团中占据着重要的位置。留存下来的他所参与的"正始改制"的资料几乎没有，估计都被胜利者司马氏给销毁掉了。但是，我们也可以通过史书上一些零星的资料作出一些梳理。

《三国志·魏书·夏侯玄传》保存了一份曹爽集团重要人物夏侯玄所作的《答司马宣王时事议》，这篇文章是太傅司马懿向夏侯玄询问时政时，夏侯玄所作的答复，其中透露了正始改革的一些重要内容。从中可以看出，何晏、夏侯玄等人所作的改革的主要内容：

第一，改革九品中正制度。九品中正制度是魏晋南北朝时期重要的选官制度，它是曹丕当政时由陈群制定的。它的主要设想是，在地方，主要是郡一级还有州一级行政单位设置中正官，由他们负责对当地人士的德行才能进行评定。这些评定内容包括两个方面，一个是"状"，一个是"品"。"状"就是地方人士的德行才能的具体情况，"品"就是根据"状"的内容所作的高下等第的划分。这种等第分作上、中、下三等，每等里面又分三等，共有九等，因此被称为"九品中正制"。九品中正制在建立初期，起到了一定的积极作用，特别是对于提拔基层人才意义重大。但是，因为它的主要权力掌握在中正官手里，而中正官只喜欢提拔自己的门生故吏，由此就使得九品中正制成为维护世家大族利益的选官体制。对它的弊端，曹魏时期有很多人都提出了尖锐批评，认为九品中正制使得"上品无寒门，下品无士族"，选官的范围越来越狭小，不利于国家长治久安。

夏侯玄也主张改革九品中正制，要求处理好中央吏部、地方行政长官与中正官的关系。他认为，中正官主要负责人才的道德品行问题，并对此加以分类，但是不能对这些人才进行高低等级排列；地方长官主要负责下属的工作能力大小问题，他们可以确定其能力方面的等级；而中正的任务是把品行档案和地方长官所作的才能档案汇总到中央吏部。吏部根据中正官所作的德行判断与地方官所作的才能判断，权衡优劣，给予人才一个高低名次，并根据这个名次任用官职。夏侯玄的主要用意在于限制中正官选拔官吏的权力而加大中央吏部选官的权力。

第二，改革行政机构。西汉实行郡、县两级行政体制，汉武帝时期建立刺史制度，用以监察郡守，后来刺史变成新的一级地方机构——州，这样州、郡、县三级体制就代替了郡、县两级体制。夏侯玄认为，应将东汉末期的州、郡、县三级地方体制改变为州、县两级体制，去掉郡一级行政机构。州与郡的权力大体相同，职务重复，采取州、县两级体制，可以达到花费少、效率高的行政目的。魏晋时期经常有"都督诸州军事"这样的职务任命给一些重臣，这样实际上导致了郡一级地方机构的权力被架空，大权落到州刺史手中。夏侯玄的建议应该是针对这种现实情况而提出的。

第三，改变奢侈的服制，使社会风俗纯朴。夏侯玄认为，当时人们不论官僚还是大众，服饰、乘舆等比较奢侈，甚至逾越等级规定，这些都是不好的行为。他主张服制简朴，生活适度，遵礼守法，从而在社会上形成一种素朴的风气。夏侯玄的这种思想大多来自古代的传统礼仪，其目的是形成一个节制有度的社会。

上述三个方面的思想，也应该是何晏所赞同和支持的，因为他和夏侯玄等人都属于曹爽集团，政治思想非常相近。何晏在《景福殿赋》里也说过"除无用之官，省生事之故，绝流遁之繁礼，反民情于太素"，主张精简机构、使社会纯朴，这些思想都与夏侯玄的改革建议相通，反映了曹爽集团的政治理想。

仔细分析就会发现，这些改革思想和司马氏集团的主张正好是冲突的。

何晏、夏侯玄等人主张改革九品中正制度，核心思想是把选官用人的权力集中到中央，这是维护曹魏皇权的做法，因为只有中央掌握了选官的权力，才能更加有效地完成对国家的支配。无疑，何晏、夏侯玄等人在这一点上是和曹魏政权站在同一立场上的，他们要为曹魏皇权清除发展道路上的障碍。而司马懿本是儒学大族，这一集团的很多支持力量来自地方。自从东汉末年以来，随着皇权的式微，这些拥有学术文化，甚至拥有武装的儒家大族权力全面膨胀，很多在地方上形成了强大的势力，或者割据一方，或者称王称霸，在一定程度上取代了王权的位置。比如东汉末年的袁绍家族，以研治儒学著名，四世六公，最后割据河北称雄。这样的大族在地方上很有力量，对皇权是一种威胁。司马氏也是儒学名门，官渡之战时，袁绍败给曹操，司马氏等儒学大族受到抑制，但是他们一直渴望恢复昔日荣耀，时时刻刻寻找时机挽回局面。当明帝曹叡让司马懿辅政的时候，司马懿感到这个机会正在悄悄来临，于是加紧了与曹魏政权的斗争。当时的中央权力主要掌握在以曹爽为核心的曹魏宗室手里，司马懿很难染指，于是他发挥自己儒学大族的优势，注重从地方上发展自己的势力，以与曹魏皇权抗衡。像支持司马氏的卢毓、王肃等人都是地方上的儒学大族，势力雄厚。何晏、夏侯玄等人要将选官用人的权力交给中央吏部，这就等于堵塞了司马氏集团地方势力的道路，让他们得不到升迁，这显然是司马氏集团所不愿看到的。而当时负责选拔官吏的主要官员正是何晏，他站在曹魏皇权一方，积极收归权力，限制司马氏集团的地方势力。所以，改革九品中正制度的建议，正好对司马氏集团不利。这说明何晏等人想通过改革限制司马氏集团的权力，从而把权力集中到曹魏政权手里。

何晏、夏侯玄等人要改革地方行政机构，取消郡一级地方体制，这无疑需要减少很大一部分官僚，也触动了司马氏的地方势力。因为支持司马氏的主要来自地方大族，并且大部分都是曹魏老臣，何晏、夏侯玄等人想通过大换血的办法，让这批老臣退居二线，然后让他们年轻人控制朝政。这种政策如果实行，对司马氏集团也是很大的打击。

而何晏、夏侯玄等人主张服制简朴，遵从礼制，也有限制司马氏集团的意思。司马氏集团为了篡权，必定会步步紧逼，逐渐逾越君臣界线，违背礼制，最终获取政权，而何晏等人主张不要僭越礼制，服饰简朴，也有让司马氏警惕的含义。后来司马懿、司马师、司马昭父子，封侯挂将，正是突破了礼制的要求，以下犯上推翻了曹魏政权。所以，何晏等人的改革建议是有针对性的。

有大志而事难成

何晏、夏侯玄等人的"正始改制"有没有实行，史书记载得比较模糊，这方面的资料保存下来的也非常之少。不过，尚能从正史里面找到一些蛛丝马迹。

《晋书·荀勖传》载："魏太和中，遣王人四出，减天下吏员，正始中亦并合郡县，此省吏也。"《三国志·齐王曹芳纪》也载："自帝即位至于是岁，郡国县道多所置省，俄或还复，不可胜纪。"这两条材料表明，正始时期曾经实行了合并郡县的改革，并且在此方面多有尝试，进行了很多的实验。"多所置省，俄或还复"更是说明，正始时期的改革幅度还是比较大的，也是在摸索之中，不合现实的、不适用的就改回去。这里所说的合并郡县的改革，与夏侯玄所说的撤销郡一级行政机构有一定区别，但是最终目的是相同的，那就是精简机构，裁汰冗员，提高办事效率。正始时期正好是何晏、夏侯玄等人主政，所以这些改革相信也是他们做出来的。也就是说，何晏、夏侯玄等人的改革措施在正始时期得到了一定程度的实行。

也有人对正始时期的改革发出了赞扬的声音。《三国志·傅咸传》有傅咸对何晏的称赏："正始中，任何晏以选举，内外之众职各得其才，粲然之美，于斯可观。"傅咸的父亲傅玄、堂叔傅嘏都是司马氏的亲信，作为何晏对立面的傅咸也承认何晏的政治作为，这应当是可信的。傅咸不因集团利益关系而能公道地评价何晏，是难能可贵的。这说明何晏在主持选举的时候公平公正，赢得了很高的声望。

何晏等人在正始时期的政治活动应该是有一番作为的。但是，在现有的史料中，几乎是众口一词地批评何晏等人，把他们的政治行为一概否定。

司马懿对何晏、夏侯玄等人的政治改革评论道："审官择人，除重官，改服制，皆大善。礼乡闾本行，朝廷考事，大指如所示。而中间一相承习，卒不能改。……恐此三事，当待贤能然后了耳。"司马懿认为，何晏、夏侯玄等人的改革是必要的，但是由于积习相承，现实错综复杂，还是应以缓行为上。司马懿的意见等于代表司马氏集团出面，公开反对何晏、夏侯玄等人的改革，如果说正始初期曹爽集团和司马懿集团的斗争相对比较缓和的话，此时则已经变得有点你死我活的味道了。

正史上对何晏等人的政治活动也是多有批评。《三国志·曹爽传》注引《魏略》说："（何）晏为尚书，主选举，其宿与之有旧者，多被拔擢。""何晏选举不得人，颇由（邓）飏之不公忠，遂同其罪，盖由交友非其才。"《魏略》说何晏在主持选举时期党同伐异，把自己的亲信都提拔了。这就与上面《三国志·傅咸传》的记载正相矛盾。姑且还是相信《三国志·傅咸传》的记载，因为傅咸作为何晏的政敌在政治改革上也是赞同何晏的，这就完全可以说明何晏他们的政治行为并没有多大可以非议之处。《魏略》一方面说何晏任用亲信，打击异己，一方面又说何晏之所以有错误，是因为曹爽集团的另外一个重要人物邓飏，把脏水完全泼在何晏身上有点冤枉。史书上一方面抹黑何晏，一方面又迫于现实不得不说他的好话，这种矛盾态度本身就已经能够说明对何晏的批判多有诬枉之嫌。

司马氏集团在倾覆曹爽集团之后，给他们定了很多的罪名，不妨全引如下："今大将军（曹）爽背弃顾命，败乱国典，内则僭拟，外专威权；破坏诸营，尽据禁兵，群官要职，皆置所亲；殿中宿卫，历世旧人皆复斥出，欲置新人以树私计；根据盘互，纵恣日甚。又……看察至尊，候伺神器，离间二宫，伤害骨肉。"这段话非常有意思。司马氏集团认为曹爽集团罪大恶极，因为：第一，名为顾命大臣，实则加强个人权力；第二，任人唯亲，使之占据军队、政府要职；第三，窥探皇帝动静，有谋叛嫌疑。仔细分析这些罪名，没有任何道理，也都根本站不住脚。曹爽既然为顾命大臣，肯定要加强自己的权力，以便更好地完成皇帝赋予的任务，他如此做很显然让司马氏集团感到了压力，觉察到他们自己的权力在日渐缩小；任何一个政治集团上台，首先想到重用自己的人马，这是人之常情，否则行使权力就会遇到障碍，因此曹爽在军队与政府中安排自己人，也并不是什么大不了的事情，问题是他这样做就让司马氏集团中任职的人数大量减少；曹爽是曹魏宗室，权力在皇帝一人之下，他出入皇宫非常方便，根本不需要安插什么眼线，再则曹爽满足于封侯将相，绝无篡权的野心，司马氏集团这样污蔑他可谓用心险恶。

很明显可以看到，司马氏集团加给曹爽集团的罪名，完全不能成立。这不过是因为后来司马氏集团战胜了曹爽集团，他们就极力贬低政敌，而史书也只能按照他们的要求书写。明末清初的著名思想家王夫之对何晏的改革作出了高度评价，他在《读通鉴论》卷十中说："史称何晏依势用事，附会者升进，违迕者罢退，傅嘏讥晏外静内躁，皆司马氏之徒，党邪丑正，加之不令之名耳。晏之逐异己而树援也，所以解散私门之党，而后植人才于曹氏也。"王夫之认为，何晏所背骂名完全是司马氏集团以胜利者的姿态强加给他的，何晏的改革是为解散"私门之党"，加强曹魏政权的力量。这一评论公允而又深刻。

何晏对曹魏政权是忠心耿耿的。正始八年（247），因为十六岁的魏帝曹芳喜欢游玩并且亲近小人，何晏上疏："善为国者必先治其身，治其身者慎其所习。所习正则其身正，其身正则不令而行；所习不正则其身不正，其身不正则虽令不从。是故为人君者，所与游必择正人，所观览必察正象，放郑声而弗听，远佞人而弗近，然后邪心不生而正道可弘也。季末暗主，不知损益，斥远君子，引近小人，忠良疏远，便辟褻狎，乱生近昵，譬之社鼠；考其昏明，所积以然，故圣贤谆谆以为至虑。……可自今以后，御幸式干殿及游豫后园，皆大臣侍从，因从容戏宴，兼省文书，询谋政事，讲论经义，为万世法。"何晏认为皇帝的表率作用非常重要，因为天下臣民都在看，所以皇帝本人应该"先治其身"，从自己做起，最重要的就是亲近贤人而远离小人。如果反其道而行，那么帝王的统治就会面临重大危机。何晏还建议，既然皇帝喜欢游玩，那么以后大臣都一起陪着，这样皇帝可以批阅文件，同时和大臣们讨论政事，实在是一举两得。这其实是让大臣监督皇帝的行为，好让皇帝不要过于放肆，并且能够督促他。何晏还曾当面向魏帝曹芳规谏。这说明何晏有较大的政治抱负，忠诚于曹魏王朝，希望在皇帝的带领之下，做到国富民治。何晏的一片赤诚可鉴。

何晏等人的政治改革，因为有司马氏集团的强烈反对，最终并未收到很大成效。这不是何晏一个人的能力所能改变的，毕竟历史是各种合力造就的，单个人不能和历史抗衡。英雄造时势，时势也造英雄。

第 5 章

政治旋涡，覆鼎之灾

何晏在正始时期，身为吏部尚书和曹爽集团的重要一员，在自己力所能及的范围内实行了一些改革。这些改革因为牵涉两大集团的斗争，所以并没有引起太多反响。而随着政治斗争的激烈，曹爽和司马氏两大集团最终撕破脸皮，以性命相搏。结果是曹爽集团失败，司马氏集团取得最后的胜利，而作为曹爽集团的重要一员，何晏付出了生命的代价。

党争的激烈

齐王曹芳统治的正始十年（240~249），是曹爽集团和司马氏集团互相斗争的十年。两大集团由暗处打到明处，由台前打到幕后，真是一番刀光剑影、血雨腥风，里面的玄机、谋略、进退可谓异彩纷呈。

曹爽集团基本上都是曹魏政权的第二、第三代人物，他们比较年轻，有理想，有干劲，是一股新生的政治力量，但有时候在政治上显得比较幼稚，比较冲动。而司马氏集团主要是曹魏集团的第一代人物，他们年龄都偏大，政治经验成熟，谋略深厚，枪林弹雨都已习惯。这两大集团为了取得最后的胜利，斗争一直不断。

曹爽集团加紧控制政府与军队的要害部门。重用何晏、邓飏、丁谧、毕轨、李胜等人，或者让他们主管选举，或者让他们担任京师长官。同时，曹爽让二弟曹羲为中领军、曹训为武卫将军、夏侯玄为中护军，这样就取得了对中军的控制权。明帝虽然让曹爽做首辅，但是真正地拥有首辅的权威，只有经过了上面一系列的人事安排才能实现。而人事安排方面的变动，最为敏感，必然要触动一些人特别是政敌的利益。比如，让何晏任吏部尚书，即是取卢毓而代之。再比如，孙资曾任中书令，掌管国家机密，他推荐曹爽与司马懿共同辅政，力主司马懿为顾命大臣。正始后期，孙资对曹爽集团的改革非常不满，向曹爽请辞，曹爽正好要排除老臣，就答应了孙资的要求。孙资后来在司马懿当政时再次任中书令。像卢毓、孙资这些人，与司马懿乃同辈之人，都是司马氏的死党，他们被曹爽集团罢免，无疑内心很是气愤不平。一旦有时机，他们肯定会卷土重来。

后来，为了建立军事功业以与司马氏抗衡，曹爽集团的夏侯玄由中护军被任命为"征西将军"，控制西北地区的军队，对抗蜀汉政权。曹爽、夏侯玄冒险发动了对蜀汉的骆谷之役，没有收到任何成效，反而给司马氏集团以口实。在曹爽、夏侯玄发动西北军事的时候，司马懿让其子司马师为中护军，想在军事上获得一些好处。曹爽返回洛阳后，就进一步把军权交给弟弟曹羲，防止司马师进一步染指军权。

司马氏集团在名正言顺的斗争方面肯定比不过曹爽集团。在这种情况之下，司马氏集团暗中准备非常之举。正始八年五月，司马懿称病不再参与政事。表面上看，司马氏集团在向曹爽集团服软，而实际上他们是以退为进，在悄悄等待时机。在这个时候，司马懿的儿子司马师"阴养死士三千，散在人间"，就是在民间招募敢死队，偷偷地集聚军事力量，以便趁机而起。这种工作肯定是秘密进行的，外人无从得知，据说为了保证绝密，即使是司马懿的另外一个儿子司马昭也不知道这件事。整个事情由司马懿与司马师全盘策划，对外严守秘密。所以，我们可以认定，司马懿主要是让自己的儿子司马师出面，让他联络旧朋故交，并且积极作好采取非常手段的准备。司马师做得非常出色，他训练了自己的心腹力量，在关键时刻帮了司马氏集团的大忙。

曹爽与司马懿联合辅政是从 240 年开始的，而司马懿发动政变是在 249 年。为了取得最后的成功，司马懿等了将近十年的时间。

在这十年里司马懿究竟具体做了什么，我们大多已不能得知。司马懿先后服务于魏武帝曹操、魏文帝曹丕、魏明帝曹叡、齐王曹芳，是四朝元老，又加上他寿命很长，当其他曹魏功臣宿将大都病亡，他依然健在。因此，司马氏的势力肯定如蜘蛛网一样，触角伸向各个方面，在很多部门都积蓄了比较多的能量。这样看来，不论是中央还是地方，不管军事还是政事，司马氏集团不缺自己的势力。司马懿的军权虽然受到曹爽一定限制，但是因为他前后统军多年，虽然不再直接参与政事、军事，但在军中肯定有很多关系密切的人物，这批人物是肯为司马懿出死力的。

　　而曹爽在十年之间，虽然剥夺了司马懿的部分权力，但是一直没有采取屠杀的政策对付司马懿，这就说明曹爽集团是比较仁慈的，他们可以用政治斗争打击对手，但是没有想到过杀戮政策。如果曹爽集团想到了这一点，恐怕司马懿是熬不过这十年的，司马懿还得感谢曹爽没有对他动杀机。这从侧面反映出曹爽在政治斗争上不够心狠手辣。

　　在两大集团斗争时期，司马氏集团不时向曹爽集团泼脏水，丑化何晏、曹爽等人，制造、鼓动社会舆论。《三国志·魏志·曹爽传》引《魏略》曰："（丁谧）虽与何晏、邓飏等同位，而皆少之，唯以势屈于（曹）爽。（曹）爽亦敬之，言无不从。故于时谤书，谓'台中有三狗，二狗崖柴不可当，一狗凭默作疽囊。'三狗，谓何（晏）、邓（飏）、丁（谧）也。默者，（曹）爽小字也。其意言三狗皆欲啮人，而（丁）谧尤甚也。"《晋书·宣帝纪》卷一载："曹爽用何晏、邓飏、丁谧之谋……专擅朝政，兄弟并典禁兵，多树亲党，屡改制度。帝（司马懿）不能禁，于是与爽有隙。五月，帝称疾不与政事。时人为之谣曰：'何（晏）、邓（飏）、丁（谧），乱京城。'"何晏、邓飏、丁谧等人都属于曹爽集团的重要人物，而在谣言中被人肆意谩骂、侮辱，这绝对不可能是一般人所为，肯定是司马氏集团策划实施的。当司马氏的权力受到制约的时候，他们也感到愤懑不平，于是想到用社会舆论丑化对手，让他们处于不利的舆论环境之中，并为自己打气。这说明两大集团的斗争有激化的趋势。

　　有一个故事从侧面反映了曹爽与司马氏两大集团斗争的情

况。曹爽集团的李胜做荆州刺史，曹爽让他向司马懿辞行以查看他的动静。当李胜见到司马懿之时，司马懿故意装出一副病恹恹的样子，衣服不整、形容憔悴、目光呆滞，当丫鬟喂司马懿吃粥的时候，司马懿吃不下去，粥流到了胡子上、衣服上，完全是一种不能自理的样子。李胜告诉司马懿他要去做荆州刺史，司马懿假装自己耳朵不好使，故意将"荆州"说成"并州"，提醒李胜去并州要好好防备胡人的侵犯。李胜一看司马懿老态龙钟的样子，心生恻隐之心。他回去对曹爽说，司马懿撑不了几天了，不用对他担心什么。曹爽听了高兴得很，就放松了对司马懿的戒备。

整个故事活脱脱一幅生动的电影画面，起伏、高潮、结尾一应俱全。其实，这个故事是完全不可信的。首先，李胜是曹爽的亲信，这是司马懿也知道的事情，让李胜探听司马懿的情况，对方肯定会有所准备，不会向你露出真实情况，这个道理曹爽不会不明白。我们常人都可以想到的事情，曹爽更应该可以想到。其次，李胜见司马懿的场景太富有戏剧化，让人感到是小说之类虚构的情节。再次，司马懿的表演达到了奥斯卡最佳男主角的水平，炉火纯青，出神入化，反而更增加了不可信度。司马懿如果只是躺在床上不能说不能动，可能会让人觉得更加真实。这个故事虽然明显带有虚假成分，但是反映了一些历史信息。其一，曹爽集团与司马氏集团互相不信任，都对对方有很强的戒备之心；其二，两大集团的斗争已经变得比较激烈了，所以需要掩盖自己的真实意图；其三，两大集团的斗争肯定在暗地里都给对方作了很多手脚，甚至都有很多不可告人的秘密。

进退维谷

何晏无论从出身还是实际情况方面，大体上都是站在曹爽集团一面的。但是，何晏并非事事依靠曹爽，更不是完全与曹爽集团亲密无间的。

从辈分上来看，曹爽是曹操的孙辈，而何晏和曹植等人年龄相仿，是曹操的子辈，那么说何晏应该是比曹爽高一辈分的。何晏受曹操喜爱，在曹丕、曹叡当政时期虽然不太得志，但是其威望还是在的，他在齐王曹芳继位的时候应该是曹魏的元老重臣了。所以，曹爽对何晏是尊敬的。而何晏为了实现自己的政治抱负，放弃了一些原则，而"曲合于曹爽"，就是主动迎合了曹爽，但是在具体的问题上何晏是有自己的保留态度的。

《昭明文选》收录有应璩的《百一诗》一首，李善注引《文章叙录》曰："曹爽多违法度，（应）璩为诗以讽焉。"《三国志·王粲传》注引《晋阳秋》说："应璩作五言诗百三十篇，言时事颇有补益，世多传之。"应璩（190~252），字休琏，汝南（今河南汝南东南）人，应玚之弟。博学好作文，善于书记。曹芳即位，迁侍中、大将军长史。大将军曹爽当权时，某些政治行为举措失当，应璩作《百一诗》讽劝。何晏虽然和曹爽关系较为亲密，但是对应璩《百一诗》讽刺曹爽等人的言辞，他却并不反对。《文心雕龙》注引《楚国先贤传》云："汝南应休琏作《百一诗》，讥切时事，遍以示当事者，咸皆怪愕，或以为当焚弃之，何晏独无怪也。"在当时，当权者都对应璩的《百一诗》非常不满，因为他对政治的批评太露锋芒了。但是何晏对应璩的言辞并不觉得奇怪，反而好像有点同意的意思。这一方面说明何晏为人比较平和，对于不同意见能够虚心听取；另外一方面也说明他虽然站在曹爽一边，但是对曹爽的某些政治行为也并不是赞同的。

并且事实上何晏和司马氏集团的某些人还保持着一定联系，这说明何晏也在力图和司马氏搞好关系，好让两大集团能够和平共事。

《三国志·魏志·钟会传》注引何劭《王弼传》说："于时何晏为吏部尚书……正始中，黄门侍郎累缺，（何）晏既用贾充、裴秀、朱整。"贾充、裴秀二人都是司马懿父子的心腹。《晋书·贾充传》载："（贾充）累迁黄门侍郎……参大将军军事，从景帝（司马师）讨毌丘俭、文钦于乐嘉。帝（司马师）疾笃，还许昌，留（贾）充监诸军事。……后为文帝（司马昭）大将军司马，转右长史。……复从征（诸葛）诞……帝（司马昭）先归洛阳，使（贾）充统后事。……时军国多事，朝廷机密，皆与筹之。帝（司马昭）甚信重（贾）充，与裴秀、王沈、羊祜、荀勖同受腹心之任。"贾充是司马师、司马昭的宠臣，军国大事多与他商议，还多次代替司马氏处理军政事务，可见贾充有多么得司马氏信任，他是司马氏的死党、爪牙。《晋书·裴秀传》又载："（裴秀）为廷尉正，为文帝（司马昭）安东辽卫将军司马，军国之政，多见信纳。帝（司马昭）之讨诸葛诞也……（裴秀）以行台从，豫参谋略。"裴秀也和贾充一样，很被司马氏信用，并且参与军政谋略。贾充和裴秀在何晏为吏部尚书的时候，都被何晏所提拔、重用，而这两个人日后都成为司马氏的重臣，这说明何晏很有知人之明，能够看到他们的才能，同时也说明他对司马氏势力采取过笼络的政策。

何晏与司马氏集团的另外两个人郑冲和荀颛也有一定联系。《晋书·郑冲传》说："初，（郑）冲与孙邕、曹羲、荀颛、何晏共集《论语》诸家训注之善者，记其姓名，因以其义，有不安者辄改易之，名曰《论语集解》。成，奏之魏朝，于今传焉。"这就是后来列入《十三经注疏》的何晏《论语集解》十卷，实际是集体编纂完成的著作。这几个编著者里面，曹羲是曹爽的弟弟，与何晏同属一个战壕，而郑冲与荀颛则是司马氏一党。泰始六年（270），晋武帝曾经下诏褒扬功臣，特别提到郑冲与荀颛两人："昔我祖考，遭世多难。揽授英俊，与之断金。遂济时务，克定大业。太傅寿光公郑冲、太保郎陵公何曾、太尉临淮公荀颛各尚德依仁，明允笃诚，翼亮先皇，光济帝业。"何晏能够和司马氏的同党郑冲与荀颛一起共事，其关系不可能太坏，否则事情是无法完成的。

在此我们可以看到何晏的良苦用心。何晏因其独特的身份而与曹爽集团绑在了一起，虽然对曹爽的一些做法也有微词，但他能从实际出发，采取更加有力的措施处理政事。同时，他也尽可能与司马氏保持着联络，希望司马氏集团能够忠心为国。何晏也并不想激化两大集团的矛盾，他希望一切从国家利益出发考虑问题，两大集团抛弃成见，互相合作，共克时艰。

实际情况是，何晏的想法是比较理想的，两大集团根本不可能互相让步，更不可能坐下来谈论问题。随着两大集团斗争的激烈，他们的矛盾也越来越尖锐，越来越不能调和，终究发展到剑拔弩张的地步。

何晏徘徊在两大集团之间，彼此的明争暗斗何晏是知晓的。在正始九年（248），一个著名的算命大师管辂来到了洛阳，何晏因为政治斗争的激烈而感到苦恼，因此请管辂给他算一卦。管辂算完之后，对何晏说，他应该小心谨慎，否则可能会有祸患。当时，曹爽的另外一个亲信、侍中尚书邓飏也在何晏家里，他认为管辂的说法是"老生之常谭"，不相信会有什么祸患发生。管辂的话给何晏很多触动，他认为这里有很深的道理，也欣赏管辂能够诚实地告诉他真实的想法。

史籍记载："是时曹爽辅政，识者虑有危机。晏有重名，与魏姻戚，内虽怀忧，无由退也。"在这种情况下，何晏"盖因（管）辂言，惧而赋诗"，"惧"字很准确地表达了何晏的心理以及在两大集团斗争夹缝中艰难处事的心态。全诗如下："鸿鹄比翼游，群飞戏太清。常畏大网罗，忧祸一旦并。岂若集五湖，从流唼浮萍。承宁旷中怀，何为怵惕惊。"这首五言诗充满了深刻的哲理以及作者自身无法排遣的忧虑与担心。在外人看来，"鸿鹄"飞得很高，在遥远的天上，但是这并不证明它们就能够很安全地保护自己。它们飞得越高，外面未知的世界越大，被人发现的风险也跟着增长，所以它们也担心说不定哪一天就有"大网罗"把它们都抓走了，从而变成人们餐桌上的美食。因此，还不如到一般的湖泊里面生活，可以随波逐流，啄食浮萍，因为这些地方相对比较小，可能没人注意，反而可以得到安全的保证，不用担惊受怕。这首诗明显地表达了何晏的苦闷，以及他对自己将来的命运不能把握的忐忑心情，充满着多疑、小心、敏感。诗中的"太清"实际上象征了何晏所在的高位，而"五湖"象征着离开高位，做一个在野者。何晏是说，自己虽处高位，在别人看来光鲜无比，甚至让人嫉妒，但是他们没有看到自己身边危机四伏，曹爽集团与司马氏集团的斗争一触即发，自己可能不会幸免。这个时候，他很想摆脱一切功名权位，找一个无人知道的地方隐居起来，如此或许能够保全自己，不会受到政治斗争的伤害。诗歌把何晏彷徨、无助、感伤的各种情绪都呈现了出来。而实际上，何晏认识到即使他急流勇退可能也不会改变命运了。

何晏还作过另外一首诗，诗中写道："转蓬去其根，流飘从风移。芒芒四海涂，悠悠焉可弥？愿为浮萍草，托身寄清池。且以乐今日，其后非所知。"蓬草没有根须，只能被大风吹向四面八方而无法控制自己的方向，前途缥缈，蓬草对此感到茫然。何晏认为与其做蓬草流转不定，还不如做个浮萍，它虽然养在清池之中没有自由，但是生活毕竟比较逍遥自在，不用担心狂风暴雨。最后两句"且以乐今日，其后非所知"说明何晏预感到了前途的危险，但是他已经身不由己了，只能小心地过着每一天。这首诗歌比上一首诗歌显得更加无助、更加富有悲剧气息，从而也更让人为何晏的状况担忧。

诗歌所表现的对外在环境的警惕，无疑表明何晏是清醒的，而这种生活境况自己又不能控制，甚至被它所操纵，则又突出展示了个人面对整个历史长河的渺小。

最后的摊牌

何晏觉察到了周遭的危险，觉察到了司马氏集团可能采取的非常措施。他感到自己处在一种孤立无援的境地。就在这个时候，司马氏集团采取非常行动的步伐明显加快了，而曹爽集团依旧浑然不觉。

在这里我们可以比较一下两大集团各自的优势与劣势。

曹爽集团的优势：第一，曹爽是明帝曹叡钦点辅佐齐王曹芳的大臣，并且是首辅，位高权重；第二，曹魏宗室，名正言顺，有当朝皇帝作后台；第三，在主要的军政部门安插了自己的人马。劣势：第一，主要人员都是年轻人，缺乏政治与军事斗争经验，不知道政治与军事斗争的险恶，总之和司马氏相比显得比较幼稚；第二，当政时期政策有点冒进，得罪了一批曹魏老官僚，造成了他们的不满；第三，在主要军政部门的号召力比较有限，不能团结各个层次的人马做大事。

司马氏集团的优势：第一，司马懿是曹叡钦点的辅政大臣之一；第二，具备高超的政治与军事斗争经验，智谋突出，屡立战功，在军政方面有成熟的经验；第三，前后辅佐四朝，人脉广泛，在军界、政界有相当的能量，关系深厚，并且团结了一大批曹魏老臣，深得他们的欢心。劣势：非宗室出身，没有良好的血统，没有皇权的支持。

综合曹爽与司马氏两大集团的情况可以看到，曹爽集团虽然有天子作后盾的最佳优势，但是在其他方面都要比司马氏集团逊色。而司马氏集团除了没有皇权支持这一劣势外，几乎没有其他缺点，他们在政治与军事斗争经验以及团结军政人员方面，都比曹爽集团更加有力量。再说所谓的皇权在古代都是由权力斗争取得的，看似高高在上，有时候只不过是纸老虎而已，所以历代皇帝中很多人受到权臣控制不能做主，而发出

"愿生生世世勿生帝王家"的悲叹。曹爽集团没有很好地利用自己的优势，最后被司马氏集团完全覆灭。

司马氏集团消灭曹爽集团的事件叫作"高平陵政变"。"高平陵"是明帝曹叡的陵墓，位于洛阳郊外。正始十年（249）正月，齐王曹芳祭扫高平陵，大将军曹爽、中领军曹羲、武卫将军曹训均跟随，而首都洛阳竟无曹氏亲信主持大局。在这个时候，司马懿认为机会来了，决定发动政变夺取政权，从而扭转乾坤。

司马懿一系列动作连续出台。首先，为了取得政变的合法性，司马懿上奏永宁太后（明帝后，所谓"上奏"实乃逼迫），请求废除曹爽兄弟的官职，太后被逼，当然没有办法，只能同意下诏（或者这本来就是司马懿冒用太后名义下的诏书）。这样，司马懿就找到了讨伐曹爽的一面大旗，显得自己师出有名。其次，司马懿让儿子司马师为中护军，率兵屯守司马门，控制首都洛阳地区出行的要道。司马懿自己率太尉蒋济等驻扎在洛水浮桥与曹爽对峙，防止曹爽闯关而入。再次，迅速控制军队。司马懿让司徒高柔"假节行大将军事"，管领曹爽军营，并对高柔说你就是匡扶汉室社稷的周勃（西汉周勃曾经诛除吕后兄弟势力，维护了汉室刘家天下的权威），意思是让高柔不要顾及曹爽的宗室身份，而要以维护皇权为重，诛除曹爽势力。司马懿让太仆王观"行中领军事"，统摄曹羲军营。这样就把军队完全控制住了。最后，司马懿对曹爽恩威并用，诱导曹爽投降。司马懿借着太后的幌子对曹爽说，曹爽兄弟应该交出兵权，赶快回到自己宅第，如果迟缓，一定军法从事。这是吓唬曹爽。接着，司马懿又派曹爽的亲信殿中校尉尹大目劝降曹爽，并指着洛水发誓说朝廷只是要免曹爽的官职罢了，并不想加害于他。这是笼络曹爽。一打一拉，可见司马懿对政治斗争是玩得炉火纯青。

曹爽惊慌失措，惶惶不可终日，不知道如何应对。这个时候，曹爽的亲信司农桓范用计逃出洛阳城去投奔曹爽。桓范向有"智囊"的称号，可见此人智谋绝非一般。可惜的是桓范遇到了不成器的曹爽。桓范向曹爽献计，不如带着皇帝这个最大的王牌到许昌，然后发文书征调天下兵马勤王，这样或许有一线生机。桓范认为，只要皇帝在曹爽手里，那么司马懿的行动就是叛变，就可以正告天下，名正言顺杀到洛阳夺回政权。但是曹爽被司马懿的行动吓昏了头脑，显得优柔寡断，不敢听桓范的意见。桓范苦口婆心，引经据典，百般劝谏，结果曹爽还是听不进。曹爽又没有其他办法，最后竟然垂头丧气投刀于地，说："司马公（司马懿）正当欲夺吾权耳。吾得以侯还第，不失为富家翁。"桓范哭着骂道："曹子丹（曹真，曹爽之父）佳人，生汝兄弟，豚犊耳！何图今日坐汝等族灭也！"桓范大骂曹爽无用，猪狗不如，只能坐着等死。这正应验了司马懿对曹爽的评价："（曹）爽与（桓）范内疏而智不及，驽马恋栈豆，必不能用也。"

曹爽的做法显示了他政治上的极度幼稚。桓范的计谋无疑是上上之策，手里有皇帝，只要号召天下说司马懿大逆不道，要篡位谋叛，天下人肯定立马响应，不愁打不进洛阳重夺权力。曹爽没听桓范的话，白白葬送了大好时机，结果不但"富家翁"做不成，还要搞得人头落地。

曹爽带着皇帝向司马懿投降，立即被司马懿软禁了。不久，司马懿以谋反的罪名，杀曹爽兄弟，何晏作为曹爽的亲信与丁谧、邓飏、毕轨、李胜、桓范等同时遇害，并被灭三族。曹魏政权从此落入司马氏手里，曹魏皇帝成为摆设。

纵观整个"高平陵政变"可以发现，它完全是司马氏集团精心策划的，这是司马懿忍了十年之后的总爆发。司马懿不出手则已，一出手必定置人于死地。同时也能够看出，军界、政界很多人物都是司马氏党羽，关键时刻都站在司马氏一边，比如上面提到的司徒高柔、太仆王观等。曹爽兄弟空有军界、政界的最高领导权，但是权力不能有效实施。曹爽集团对司马氏集团的行动没有任何察觉，根本没有一点点的防范。这一方面说明，曹爽集团作为曹魏宗室认为自己名正言顺，地位优越，各方面都不欠缺，不必要和司马氏集团争夺什么，虽然他们和司马氏集团有斗争，但他们认为这只是一般的斗争，不至于到你死我活的程度，所以放松了对司马氏集团必要的警惕。另外一方面也说明，司马氏集团一直在寻找机会清除曹爽集团，从隐忍不发，一直到发动政变，这说明司马氏集团是非常阴险，也非常狡诈的。政变成功后，司马懿诛杀曹爽等人三族，更是心狠手辣，无毒不用。我们也看到曹爽兄弟陪齐王曹芳出洛阳拜祭高平陵时，根本没对洛阳政事作过多安排，更谈不上对司马氏集团有任何防范，也没有觉察到将要发生的危险，这不能不说曹爽集团人马太缺乏政治斗争经验了。

对于司马懿的阴毒残忍，《晋书·宣帝纪》亦作了揭露："诛曹爽之际，支党皆夷及三族，男女无少长，姑姊妹女子之适人者皆杀之，既而竟迁魏鼎云。明帝（司马绍）时，王导侍坐。帝问前世所以得天下，导乃陈帝（司马懿）创业之始，用文帝（司马昭）末高贵乡公（曹髦）事。明帝以面覆床曰：'若如公言，晋祚复安得长远！'迹其猜忍，盖有符于狼顾也。"司马懿发动政变成功，诛夷政敌曹爽集团内重要人物三族，连其家族里已经外嫁的女子也不肯放过。东晋初期，重臣王导向东晋第二代皇帝晋明帝司马绍谈起司马懿父子夺取政权的往事，作为司马氏子孙的司马绍也对祖上的狠毒狡诈而感到惭愧，以致以头覆床而良久不能出声。

自家子孙尚且不能体谅祖上的所作所为，何况外人！但残忍、狡诈的司马懿父子最终一鼓作气，政变成功，为最终取代曹魏王朝奠定了基础。

何晏之死的另外解读

司马懿发动政变一举消灭了曹爽集团。作为曹爽集团的重要一员，何晏落到了司马懿手里，成为待宰的羔羊。

司马懿暂时并未杀何晏，而是让他追查曹爽党羽，把知道的曹爽集团中人都供出来。一些史料上说，何晏为了将功顶罪，以获得司马懿的宽恕，于是抓紧查处曹爽集团。司马懿对何晏说，一共有八大家族卷入了曹爽集团中。何晏找出了曹爽集团中丁谧、邓飏等七家，司马懿说有八家参与叛乱，七家还不够。何晏着急懊恼，忽然明白这最后一家就是自己了，当他向司马懿说出这个猜测之后，司马懿说正是。之后，何晏就被司马懿杀害了。

何晏当时有一个五六岁的儿子，被何晏的母亲藏在宫中，最后被司马懿党羽搜到，何晏的母亲请求司马懿放过他们。司马懿听说何晏的夫人金乡公主非常贤惠，以前对何晏多有劝诫，再加上金乡公主的哥哥沛王曹林（曹操之子）还在，司马懿就对何晏的儿子网开一面，没有杀他。按照一些史料的记载，何晏这个五六岁的儿子似乎是和金乡公主所生的，何晏被害时在五十四岁，那么这个孩子大概是在何晏四十八九岁时所生的。

一些史料上说司马懿良心发现，放过了何晏的孩子，这是绝对不可信的。司马懿一向做事残忍，不留后患，诛杀了政敌三族，当然不会放过何晏后代。历史也为我们留下了珍贵的记录，这个珍贵的记录来自蜀汉费祎的《甲乙论》。费祎是蜀汉后期重要人物，任尚书令、大将军，是司马懿的同时代人。当"高平陵政变"发生时，费祎闻讯写下了《甲乙论》这篇文章。文章以甲、乙二人对话的形式，对曹爽有无大罪作了评判。文中写道："（曹）爽无大恶明矣。若（司马）懿以（曹）爽奢僭，废之刑之可也，灭其尺口，被以不义，绝子丹（曹真）血食，及何晏子魏之亲甥，亦与同戮，为僭滥不当矣。"费祎认为曹爽并无大恶，说曹爽有谋反之罪，这只不过是司马懿的污蔑之词。费祎特别提到，司马懿不但杀掉了曹爽一家，还杀掉了何晏的儿子。费祎是当时之人，他的话应该是可信的。所谓的司马懿放过何晏后代纯属无稽之谈。

前面已经讲过，何晏虽然属于曹爽阵营，但是对曹爽集团中的一些做法也有不满，他同时也与司马氏集团的一些人物有相当密切的联系，比如贾充、裴秀、郑冲、荀颢等人，因此不能说何晏和司马氏集团的关系很坏。司马懿发动政变成功，单单让何晏来追查曹爽集团中人，似乎表明司马懿对何晏尚留有一定情面。那么，何晏被杀是否还有其他隐情呢？

这个问题可能与司马懿的长子司马师有一定关系。根据史书的记载，司马懿发动政变之前，主要的密谋者即为司马师，为了对此保密，这一事情甚至没有向他的另外一个儿子司马昭提起过，直到政变前夕，才告诉司马昭。而在这个时候，司马师面对将要发生的政变，就像什么事都没有一样，照常睡觉休息，但司马昭却辗转反侧，不能入眠。从中可以看出，司马师性格坚毅沉稳，能为非常之事。所以，他的谋略和才能是被司马懿肯定的，他是司马懿最为得力的干将，应该是"高平陵政变"的真正执行者。为了对曹爽集团突然发难，而又不被他们发觉，司马师在民间训练了三千人的敢死队，以备不测之用，司马师的胆大、智谋可见一斑。在政变的时候，这三千人出动，确保了政变的万无一失。放手让司马师去做政变的准备工作，这也能够说明司马懿对司马师的信任，所以说司马师在政变中起到了极其关键的作用。司马懿以衰朽残年奋起一搏，鹿死谁手，不能预知，最终这一改变乾坤的重任实际上落到了司马师身上。

何晏在太和年间和很多洛阳青年聚谈，实为当时思想界宗主，故而引起了很大反响，连司马师也情不自禁参与其中。《晋书·景帝纪》说："（司马师）雅有风采，沈毅多大略。少流美誉，与夏侯玄、何晏齐名。（何）晏常称曰：'惟几也能成天下之务，司马子元是也。'"司马师不但智谋过人，而且颇具风采，很有名士气度，因此才能有资格挤进何晏、夏侯玄等名士的圈子。不过，《晋书》对此的记载并不全面，它的最完整记录应该来自《三国志·魏书·曹爽传》注引《魏氏春秋》：

"初，夏侯玄、何晏等名盛于时，司马景王亦预焉。晏尝曰：'唯深也，故能通天下之志，夏侯泰初（夏侯玄）是也；唯几也，故能成天下之务，司马子元（司马师）是也；惟神也，不疾而速，不行而至，吾闻其语，未见其人。'盖欲以神况诸己也。"何晏评述夏侯玄、司马师等人的话来自《易经·系辞上》，《易经》是魏晋时期名士非常熟悉、反复诵读的书，所以何晏顺手拿来作评价人物之用。按照权威的解释，"深"是指"极未形之理"；"几"是指"适动微之会"；"神"是指"其皆感通于寂然不动之中，其知来物非出于思，其成文定象非出于为"。简单地说，"深"就是见微知著，"几"就是随机应变，"神"就是与物一体。很显然，何晏认为司马师是能够随机应变的，这样的人可以建功立业，但是还没达到最高的境界，最高的境界应该是自然而然，变动无方，外人不能捉摸。何晏说司马师还未到最高境界，这显然对司马师有贬低、不敬的意思，而无形之中抬升了自己。

司马师一代雄豪，也是一个自视甚高之人，他既然喜欢名士风度，想来也不会自认为比何晏等人差多少。《世说新语·文学》"何晏为吏部尚书"条刘孝标注引《王弼别传》载："（王）弼之卒也，晋景帝（司马师）嗟叹之累日，曰：'天丧予！'其为高识悼惜如此。"青年玄学家王弼和司马师关系要好，他去世之后，司马师说"天丧予"，这句话是有来历的，原话出自《论语·先进》，是孔子在自己最喜欢的弟子颜回死后所发的感叹，并且连说了两遍，意思是说"老天残忍，夺去了自己喜爱的颜回"。司马师引用孔子的话，一个意思是说王弼之死让他哀痛，自己失去了一个极有才能的门生；另外一个意思是，他以圣人孔子自居，透露出一种喜为圣人的态度。这可见司马师心思之不同常人。他既然一副睥睨天下的态度，对何晏带有贬低自己的话肯定非常不高兴。而司马师又是极有地位之人，因此可能对何晏怀恨在心，甚至会找机会报复何晏。司马师具备杀害何晏的更深层动机。

在这里，可以比较一下"高平陵政变"之后夏侯玄与何晏的不同遭遇。政变之后，何晏作为曹爽"姻戚"起初并未被匆忙杀害，曹爽表兄弟、和何晏一样与曹爽有亲属关系的夏侯玄也未受到冲击。嘉平三年（251），司马懿去世，中领军许允非常高兴，《三国志·魏志·夏侯玄传》注引《魏氏春秋》说："太傅（司马懿）薨，许允谓（夏侯）玄曰：'无复忧矣。'（夏侯）玄叹曰：'士宗，卿何不见事乎！此人（司马懿）犹能以通家年少遇我，子元（司马师）、子上（司马昭）不吾容也。'"这段对话颇有深意。许允以为司马懿死了，那么夏侯玄的老对头就没有了，因此可以高枕无忧。但是，夏侯玄却并不这样认为，他说司马懿尚且能够容忍他，但司马懿的儿子司马师、司马昭等人对他恨之入骨，司马懿一死，这两个儿子就无所顾忌，肯定会把矛头转向自己。夏侯玄的话没有错。嘉平六年，中书令李丰、皇后之父光禄大夫张缉密谋杀司马师，拥戴夏侯玄辅政，结果没有成功，三人同时被害。

可见，夏侯玄实死于司马师之手。夏侯玄和何晏同是曹爽集团的"姻戚"，当年洛阳青年聚会清谈，他们又是其中领袖，而司马师也参与其中，何晏对其无意中流露出不满，司马师因此对两人恨之入骨。他先杀何晏，后杀夏侯玄，以达到报私仇的目的，可谓用心险恶。

因此，我们可以推测，"高平陵政变"之后何晏尚有生还之机，但是因为司马师与其有私仇，所以趁此打击报复，终于置何晏于死地。何晏一死，名士阶层大受打击。但是他的思想却得到了传承和发扬，在魏晋时期掀起了轰轰烈烈的玄学运动。

第 6 章

玄学祖师，清谈领袖

何晏一生际遇颇有传奇色彩，先为曹操"假子"，后又参与政治改革，终被司马氏集团所杀戮。但这些经历作为，都不足以奠定他在历史上的地位。何晏崇高的历史地位，是由其思想的博大、精深树立起来的，没有这些，何晏只是一个空壳，缺乏血肉。何晏思想出入儒道，综合各家，上扣本体，下辩名理，最后能够自成一家之言。他思想的深度、思考的广度以及理论的穿透力，都在历史上烙下了深深的印记。

魏晋风度的起因

何晏是玄学的开山祖师，当时思想界的清谈领袖，他的仪容风采颇受那个时代人们的关注。作为一代新风气的开创者，何晏在中国思想史上影响甚巨。

所谓"魏晋风度"，也被称为"魏晋玄学"。"魏晋风度"的称呼流行开来，与近代著名文学家、思想家鲁迅有关。1929

年9月，鲁迅在广州作了一篇题为《魏晋风度及文章与药及酒之关系》的文章，首次提出了"魏晋风度"的名目。鲁迅的文章高屋建瓴、精辟深刻，廓清了历史迷雾，给人耳目一新之感。后来，著名哲学史家汤用彤写了《魏晋玄学论稿》一书，探讨了许多魏晋时期重要的理论问题，给魏晋玄学的研究树立了基本的框架，这是研究魏晋玄学的不朽名著。

"魏晋风度"或者"魏晋玄学"在当时人眼里有不同称呼，或者谓为"玄学"，或者叫作"玄言"，或者称作"风流"，抑或号为"清谈"。这一思潮的来源比较复杂。

首先，魏晋风度的兴起与东汉的清议有关。

东汉晚期，因为皇帝年幼，形成了外戚和宦官轮流执政的局面，导致政治腐败，人心涣散。面对这种破败的局面，一批有正义感的士大夫们愤然而起，他们激烈批评宦官的祸国殃民，表达对国家前途的忧虑。因为彼时士大夫众多，他们又有相同的政治理想，所以他们很快聚在一起，评议时政，抨击阉竖，在社会上形成了很大的影响。普通大众为他们所激励，也加入了反宦官、外戚的斗争。士大夫的舆论与民间活动的结合，在当时风云波荡，声势浩大，冲击着腐朽东汉王朝的统治。《后汉书·党锢列传》说："逮桓灵之间，主荒政缪，国命委于阉寺，士子羞与为伍，故匹夫抗愤，处士横议，遂乃激扬名声，互相题拂，品核公卿，裁量执政，婞直之风，于斯行矣。"这种评议时政的风气在当时叫作"清议"，就是用舆论与恶势力作斗争，以争取百姓人心。

当时清议的力量是非常大的，很多在朝者对清议的批评都很在乎。《后汉书·崔骃列传》载："（崔）骃从兄烈，有重名于北州。……（崔）烈时因傅母入钱五百万，得为司徒。……（崔）烈于是声誉衰减。久之不自安，从容问其子钧曰：'吾居三公，于议者何如？'（崔）钧曰：'大人少有英称，历位卿守，论者不谓不当为三公；而今登其位，天下失望。'（崔）烈曰：'何为然也？'（崔）钧曰：'论者嫌其铜臭。'"崔烈花五百万钱当上了司徒，以钱买官，为人所不屑，所以他在民众中的声誉马上衰减。他自己也感到不好意思，特地问自己儿子崔钧大家是怎么评价他的。所谓"议者"就是指清议者，可见崔烈对大众舆论是非常看重的。这就证明，清议的力量非常之大。

当时，司隶校尉李膺、太尉陈藩成为士大夫敬重的领袖人物，人们用"天下楷模李元礼（李膺的字）、不畏强御陈仲举（陈藩的字）"之类的语言来称颂两人。这样的语言对仗工整，朗朗上口，易记易诵，一时形成风气。士大夫的清议运动如火如荼，大家被他们的品行所感染，就更加在社会上用响亮悦耳的文辞褒扬这些人物，致使他们的名气越来越大。士大夫的舆论越高亢，统治者就越害怕，所以他们发动"党锢之祸"镇压名士。名士阶层虽然受到打击，但是他们的精神没有屈服。等"党锢之祸"结束，这种评价人物的风气就进一步流行开来，从东汉一直持续到魏晋时期。初期的"清议"是反对社会黑暗势力的，东汉王朝解体之后，"清议"还在进行，不过它针对现实性的一面慢慢地减弱，而更多地成为一种追求雅致的文字游戏，清议过渡到了清谈。魏晋之后，人们谈论人物更多的是人物的风采、气度、神韵，而离政治就比较远了。比如，《世说新语·容止》记载嵇康"肃肃如松下风，高而徐引""岩岩若孤松之独立，其醉也，傀俄若玉山之将崩"，是用比喻、衬托的手法，借助优美清新的文字，展示了嵇康玄远高洁的风度，是对士人外在风神的描绘，已经完全找不到清议的政治色彩，而完全是一种清谈了。

其次，魏晋风度的兴起与儒学式微有关。

儒学是两汉王朝的统治思想，是其时主要的社会意识形态。东汉以来，儒学的地位更加巩固，太学人数庞大，各地学校更是遍地开花，而对儒家学问的研究也是人才辈出。所以，东汉的儒学思想更加深厚。东汉初年，在白虎观举行了儒学会议，校订经典异同，以达成统一的思想指导。这次会议的讨论结果由著名史学家班固笔录写成《白虎通德论》一书，作为全国法定的对于儒家经典的解释。这是以政治力量进行思想统一。当儒家思想作为全国指导思想，并日益固定化之后，新的问题就随之而来了。这就是思想的守成与僵化。任何一种思想一旦上升成为统治思想，就不允许别人再有异议，只能照着实行，结果就丧失了进一步前进的活力，变得不能适应时代发展。儒学也没有逃脱这一命运，它在东汉固定化之后，思想的鲜活性就被稀释了。

魏晋以来，政治动荡，思想多元，儒学虽也继续发展，但一时不能成为强有力的笼络人心的工具。在主导思想儒家学说受到冲击的情况之下，其他受抑制的诸子百家等思想却蓬勃发展起来，使人们看到了儒学之外的思想魅力。这个时候，士人阶层也发现了儒学之外的新天地，他们不再被一统的思想所束缚，而开始追求自己认为好的东西，这就导致了魏晋时期个体自觉的到来。魏晋时期的士人们在儒家教导的集体、一统思想之外，忽然发现个人的重要，个人的感受、情绪、思维都有自身难以磨灭的价值。他们就开始展示作为个体的自觉，不再更多考虑儒家礼制的要求。因此，他们可以酗酒，可以服药，可以裸体，追求他们所认为的自然境界。魏晋时期个体自觉的到来促发了魏晋风度的展开。

再次，魏晋风度的兴起与两汉以来的选官体制有关。

两汉以来的选官体制主要是察举制度。察举制度是按照人们的品行情况由地方官向上级荐举人才的制度，有制举和常举之分。前者是根据不同需要临时性的选拔人才的方式，后者是每年都要举行的选拔人才的方式，主要包括举孝廉与秀才。孝廉主要考察品德，秀才主要考察在某一方面的才能。而孝廉察举是当时的主要科目。以品德察举孝廉，而品德又是摸不着看不到的，只能根据个人在社会上的舆论来判断。如果某人在社会上有很高的威望，被众人高度褒奖，一般来说他的品行不会太差。所以，越是在社会上有崇高声望，名气很大的人，越容易被察举做官。既然察举趋向于看重个人外在声誉，那么如何判断一个人的声誉是否属实就成为一个不容忽视的问题。

魏晋时期有很多人物评鉴的专家，他们善于根据人物的外在气度、神情、言谈来判断某个人是否具备良好的素质，然后给这些人一些不同的评价。比如，许慎是东汉时期著名的经学家，当时人说他"五经无双许叔重（许慎的字）"，这是形容一个人的学问；当时人看待名士领袖李膺是"谡谡如劲松下风"，这是形容一个人的气度。如此评价人物，自汉魏以来是非常普遍的，只有经过如此评价，一个人才能在社会上获得高名，从而才有可能进一步升迁。汉末汝南许劭、许靖兄弟是人物评鉴的专家，史书上说他们"俱有高名，好共核论乡党人物，每月辄更其品题，故汝南俗有月旦评焉"。一代豪杰曹操为了获得高名，主动让许劭给他评价，许劭拗不过曹操，最后评价他是"治世之能臣，乱世之奸雄"。曹操听了很高兴，因为这样他的名声就可以宣扬出去，从而进一步往上走。

当时还有一个人物品鉴的专家叫郭泰。郭泰（128～169），字林宗，太原介休人。据说他品鉴的人物都名副其实，丝毫不爽。《后汉书·郭泰传》说他："其奖拔士人，皆如所鉴。"他所奖拔的人物有左原、茅容、孟敏、庾乘、宋果、贾淑、史叔宾、黄允、谢甄和王柔等，"又识张孝仲刍牧之中，知范特祖邮置之役，召公子、许伟康并出屠酤，司马子威拔自卒伍，及同郡郭长信、王长文、韩文布、李子政、曹子元、定襄周康子、西河王季然、云中丘季智、郝礼真等六十人，并以成名"。由此可见，郭泰的人物鉴识水平是非常高超的。这些人只有经过了郭泰的评定，才能被政府重视，才有机会进一步升迁，所以人们都喜欢找郭泰给自己作评价，因为他是名士，他说的话能够在社会上引起反响。之所以要让郭泰给自己品题，还是因为两汉的选官体制需要制造出在社会上的名声。

后来，人物的品题脱离了实际的选官体制，而成为一种常用方式，成为人们茶余饭后消遣的节目。魏晋时期的名士夏侯玄就被人认为是"朗朗如日月之入怀"，这纯粹是称赏夏侯玄个人的外在风度，以突出他的高洁神姿，而与选官没有关系了。但是，魏晋清谈所受人物品鉴的影响还是深刻地留存了下来。

复次，魏晋风度的兴起与曹魏政权的名法之治有关。

所谓"名法之治"就是采取严格的法律进行统治，而排斥对德行的强调。如此统治在政治上就显得非常严峻，只重视现实利益的考虑，而忽视人的品行以及社会风俗的力量。名法之治是从曹操开始的。曹操在用人上比较务实，只要有一技之长，都可以被用。他多次下达求才的命令，说"又得无盗嫂受金而未遇无知者乎？二三子其佐我明扬仄陋，唯才是举，吾得而用之""夫有行之士未必能进取，进取之士未必能有行也""污辱之名，见笑之行；或不仁不孝，而有治国用兵之术。其各举所知，勿有所疑"。曹操甚至说一个人品德再坏，即使"盗嫂受金"、不廉不孝都没有关系，他只要有才能，统统会被自己所用。曹操的政策影响是非常大的，这就等于公开宣扬儒家的德行政治没有用处，是对东汉旧传统的公然颠覆。曹操这种重视实际利益的统治风格被文帝曹丕、明帝曹叡所继承，使得整个曹魏政权显得肃穆、庄重，而缺乏生气。在明帝统治的太和时期，何晏等人就对这种统治风格有所抵触。他在洛阳招聚青年才俊清炎，探讨形而上的玄学，追究事物的本质，很有活力和朝气。这种风格与曹魏的名法之治发生冲突，以致明帝曹叡把何晏等人纳入"浮华"分子而给予打击。这种冲突深刻说明了曹魏统治之下不同政治风格的较量。可以这样说，对于名法之治的反对形成了清谈，形成了玄学。

最后，魏晋风度的兴起与汉魏以来政治斗争的严酷有关。

东汉末年，经过黄巾起义以及各地军阀的混战，东汉政权名存实亡。最后，曹操"挟天子以令诸侯"，基本上统一黄河以北地区。曹操在加强统治、转移汉鼎的时候，伴随着比较严酷的政治斗争，他曾经杀掉董承、伏皇后，还有名士荀彧、杨修、孔融等人。曹丕称帝，逼迫汉献帝退位，一上台就杀丁仪、丁廙兄弟。在汉魏交替之际，政治上是腥风血雨，"天下多故，名士少有全者"。人们见惯了政治斗争的残酷、虚伪，愈发地要远离这些，于是就沉浸在酒或者药里麻醉自己。更多时候，他们表现出一副清高不与世事的样子，从而避免政治斗争带来的祸害。

由此可见，魏晋风度的兴起是多重因素造成的。它不全是潇洒不羁与自然超脱，还带有某些迫不得已的苦衷；它也不像一些人认为的那样离经叛道与精神癫狂，而是有胸中块垒需要倾吐。总之，魏晋风度是立体的、复杂的、多面的。

魏晋风度的发展线索

魏晋风度的渊源，比如清议、选官等等内容，都是和东汉历史紧密联系的。所以，追寻魏晋风度的发展，必须上溯到东汉时期。魏晋风度的一些内容可以在东汉时代的历史中看到。

东汉时代有两个人应该特别注意，这就是戴良与孔融，在这两个人身上比较早地呈现出了魏晋名士的风范。

先看戴良。戴良字叔鸾，汝南慎阳人，他的一些所作所为跟魏晋时期的名士颇有一拼。他行为放诞，不遵礼制。戴良的母亲喜欢听驴叫，他就经常学驴叫唤，以让母亲高兴。母亲死后，他饮酒吃肉，若无其事，与儒家守丧的礼仪背道而驰。戴良另外一个特点是言谈目空一切。他以孔子、大禹自比，认为自己不比两位圣人差多少。戴良还不接受官府征召做官，甚至为了逃避官府而躲入山林隐居起来。戴良的言行为以后的魏晋名士相承继。比如，守丧期间饮酒吃肉，这在魏晋时期的阮籍、王戎等名士身上都有表现。戴良可谓魏晋风度的先声。

再看孔融。孔融（153～208），字文举，鲁国（今山东曲阜）人，是孔子的二十世孙，建安七子之首。孔融生当东汉末期，言行多有名士风度。他诋毁礼制，说父、子没有什么特别亲密的关系，儿子的出现只不过是父母一时情欲的结果，两者之间没有必要负责任，因此也就谈不上什么孝道了。父、子关系很像瓶子与它所装的东西的关系，瓶子把里面的东西倒出来，两者的联系就结束了。同理，父母亲把儿子生出来，两者的关系也就到此为止了。孔融的这种言论在以儒家学说为统治思想的东汉，确实有点骇人听闻，让人难以接受。这反映了孔融身上离经叛道的特点。此外，孔融喜欢交结名士。孔融本人恃才傲物、放荡不羁、桀骜不驯。但他对狂傲无比的名士祢衡却刮目相看，很喜欢他。两人称兄道弟，孔融甚至还向曹操推荐祢衡，认为他德才兼备，是一个难得的人才。孔融也有很好的谈辩才能，他的文章机锋突出，戏谑夹杂，也有一定气势。这说明他是一个比较善于名理思辨的人。孔融的蔑弃礼法、轻狂放荡，不输后来的魏晋名士。

就连曹操、曹丕父子也很有名士风度。曹操为人大度，不拘小节，视礼法为儿戏，多次公开向儒家道德挑战。曹操在和大家聚会时，爱说爱笑，当听到有趣的故事时会笑得前仰后合。在宴会上，曹操也不摆什么架子，饮食很随意，有时候饭菜掉在身上他也不觉得有什么难堪。曹操的表现很随意、很超脱，不因为位高权重而有所顾虑。这有点名士"任真自得"的样子。曹丕和其父曹操也比较相像。曹丕和建安七子之一的王粲关系相当要好。王粲平时很喜欢学驴叫，建安二十二年

（217），王粲得瘟疫死掉了，曹丕很伤感，在王粲的墓前，曹丕提议大家都学驴叫来给王粲送行。这个故事表现了曹丕放达的一面。

从曹丕与戴良"驴鸣"这一现象，可见魏晋风度由汉到魏发展的过程，当然，他们在理论深度、放达程度、影响广度上都是不能相比的。

魏晋风度大体经历了四个时期：

第一，正始时期。这一时期以何晏、王弼等人为代表，在理论上致力于融合儒道。何晏是当时的清谈领袖。王弼的玄学思想也以崭新的风气登上历史的舞台。何晏等人提出了"贵无"的学说，认为"明教出于自然"，给儒道关系一个较为明晰的解说，一下子把当时的理论界提到一个很高的水平。

第二，竹林时期。这一时期以阮籍、嵇康、王戎、向秀、山涛、刘伶、阮咸为代表，他们或者饮酒服药，或者放达不羁，过着一种洒脱超迈的生活。这其中尤以嵇康的思想最为激烈，提出了"越明教而任自然"的观点，以致不为司马氏所容，最终被害。这说明，走明教与自然决裂的道路是行不通的，是当权者所不允许的，因此必须找到处理两者关系的适当理论。何晏以无为本，找到了一种处理政治问题的理论思路。儒道关系、异同以及高下问题是以后玄学重点讨论的核心问题之一。

第三，中朝时期。这一时期，西晋建立，社会相对安定，人们聚谈狂饮，一些行为更加出格。这一时期的魏晋风度很多是得其形而遗其神，强为放达，故作姿态，多了矫揉造作，少了自然玄远。这一时期的一个重要倾向是致力于调和儒道关系，以适应政治形势。《世说新语·文学》载："阮宣子（阮修）有令闻，太尉王夷甫（王衍）见而问曰：'老庄与圣教同异？'对曰：'将无同？'"所谓"将无同"，就是说老庄与孔子的思想没有区别，他们是一致的。这是在为当政者出谋划策，让他们既可以身居高位，又能放达纵诞。这一时期的一个重要成果是郭象等注释《庄子》，提出"适性逍遥"的思想，主张"明教即自然"，认为庙堂与山林没有差别，都可以逍遥自得，从而为士族既为高官又为名士作理论辩护。西晋时期玄学的发展，从纯粹理论上来说，已经达到了最高峰，以后再无增进。所以西晋以后，玄学对理论的探索相对放缓，更多成为个人精神修养的象征，成为展示人们个人气度的良好途径。

第四，东晋南朝时期。这一个时期，魏晋风度成为人们的一种精神修养以及雅致生活的表现，名士们寄情山水、琴棋、丝竹，"可以食无肉，不可居无竹"，把周边的生活雅化了。所以，东晋南朝的名士在言谈举止以及个人生活方面，往往透露出很多的诗意。《世说新语·任诞》载："王子猷（王徽之）居山阴，夜大雪，眠觉，开室命酌酒，四望皎然。因起彷徨，咏左思《招隐诗》，忽忆戴安道（戴逵）。时戴在剡，即便夜乘小船就之，经宿方至，造门不前而返。人问其故，王曰：'吾本乘兴而行，兴尽而返，何必见戴？'"王徽之夜里忽然想到戴逵，马上就去见他，经过了一夜的航行终于到达戴逵住处，但是他却不想见戴逵了，因此直接原路返回。所谓"乘兴而行，兴尽而返"，正反映了东晋名士的风度。东晋南朝时期，佛学已经有所发展，理论也相对成熟并在士人之间普及开来。佛学的精深、细致、缜密以及超越精深，远远拉开了它与玄学的距离，玄学在理论深度上不能与之相颉颃，从而逐步衰弱，玄学思潮最终汇聚到佛学里面，完成了自己的历史进程。

纵观魏晋风度的发展线索，可以看到，何晏等人正始时期的活动异常重要，直接刺激了以后玄学的发展。正始名士所达到的理论高度启迪和激励了玄学大潮的到来，其奠基与导向作用不容忽视。

清谈领袖

清谈是魏晋时期的一股重要思潮。清谈是谈形而上的东西，用哲学术语来说就是谈本体论的问题，这在魏晋时期成为流行一时的做法。清谈的主题很多，比如谈名与实，谈无与有，谈言与意，谈本与末，谈体与用，谈明教与自然，等等。这些主题颇能吸引魏晋时期的名士。当时清谈的思想来源主要有三个，即《易》《老子》《庄子》，这三本书合称"三玄"。清谈的很多主题以及思想都是从这三本书中生发出来的。《易》教之以不易、简易、变易之理论，《老子》教之以无为、因应的思想，《庄子》教之以齐物、逍遥的精神，三者共同深化了玄学思想。

清谈可以是一个人的辩论，自问自答，让观者折服；也可以是两个人围绕一个主题而展开的谈论，两人之间可以互相辩论良久，甚至达到废寝忘食的地步；还可以是许多人就某一问题的辩论，大家都可以发表意见，最后有一家的意见为大家所信服。清谈的时候，很多名士喜欢拿着麈尾，以衬托自己神定气闲的风度。所谓麈尾，是古人闲谈时握在手中的一种工具，类似扇子，在边缘插兽毛以为装饰，柄比较长，可以是玉制、铁制、木制的。传说有一种鹿叫麈，当它迁徙时，就看着前面麈的尾巴作前进的方向和标志。清谈时手执麈尾代表领袖群伦、为思想宗主的意思，是玄学名士追求风神的表现。麈尾是魏晋名士清谈极好的一种辅助工具。

何晏是正始时期清谈领袖，在当时影响很大，为众人所瞩目。其实，何晏的清谈活动从明帝曹叡的太和时期就已经开始了，当时许多洛阳名士都参加了。但是因为清谈活动制造舆论，不利于国家统治，所以明帝曹叡以"浮华"罪惩治了这些人，包括何晏。明帝死后，何晏因为受到曹爽重用，加上他曹魏宗室的地位，清谈活动又在他的领导之下轰轰烈烈开展起来。这个时候已经进入了"正始时期"，正始十年是何晏思想最为辉煌、最为外露的时期，他与其他诸多玄学家比如夏侯玄等人一起推动了"正始玄学"的到来，在思想界留下了闪亮的一笔。

何晏清谈领袖的地位是毋庸置疑的。《世说新语·文学》注引《文章叙录》曰："（何）晏能清言，而当时权势，天下谈士多宗尚之。"又引《魏氏春秋》曰："晏少有异才，善谈《易》《老》。"何晏以地位之崇重、才思之辩捷、玄理之巧妙在当时引起巨大反响，从而被人树为清谈的楷模。《三国志·魏书·管辂传》注引《辂别传》载裴徽之言："何尚书（何晏）神明精微，言皆巧妙，巧妙之志，殆破秋毫。"又载："吾数与平叔（何晏）共说老、庄及易，常觉其辞妙于理，不能折

110

之。又时人吸习，皆归服之焉，益令不了。相见得清言，然后灼灼耳。"时人刘邠也说："数与何平叔论易及老、庄之道。"裴徽是河东闻喜人，也是当时的清谈名家，精于"三玄"之学，连他也称赞何晏，可见清谈确为何晏所长。

何晏更是曹爽集团清谈中的佼佼者，《北堂书钞》引《何晏别传》载："曹爽常大集名德，长幼莫不预会。及欲论道，曹羲乃叹曰'妙哉平叔之论道，尽其理矣！'既而清谈雅论，辩难纷纭不觉诸生在座。"何晏清谈，能够把其中的道理说得很明白，做到言尽其理，而当何晏清谈的时候，别人往往很难再说什么，这等于是何晏掌握了整个清谈的主动权，也可见他本人对清谈的热爱。

何晏的清谈思想主要来源于《易》《老》，并能够结合具体情况加以发挥。何晏是第一个在魏晋思想界因清谈而被人重视的人物。众家一致赞赏何晏的清谈，认为他的清谈言语巧妙，甚至精细到微妙之极的地步。何晏也因此而被认为是清谈界独一无二的领袖。这说明何晏有很高的谈辩才能，并能用自己的口才与辩论技巧折服众人，给他们耳目一新的感觉。何晏的清谈往往是非常人所能想到的，能让大家觉得新奇、有趣。何晏的清谈主题一开始似乎并不能让大家相信他能驾驭，但是随着辩论的深入，何晏总能把大家的疑惑消除，从而让他们心悦诚服，没有了以前的怀疑态度。

南朝著名的文学理论家刘勰的《文心雕龙·论说篇》载："魏之初霸，术兼名法。傅嘏、王粲，校练名理。迄至正始，务欲守文。何晏之徒，始盛玄论。于是聃周当路，与尼父争途矣。详观兰石（傅嘏）之才性，仲宣（王粲）之去代，辅嗣（王弼）之两例，平叔（何晏）之二论，并师心独见，锋颖精密，盖人伦之英也。"刘勰回顾了魏晋时期思想界的逻辑发展情况，把何晏作为清谈的鼻祖看待，并且认为何晏提倡清谈，致使当时人都纷然向往玄学，造成了玄学和儒学争雄的局面。刘勰同时认为，何晏的《道德论》等文章，有个人独到见解，思虑缜密，实在是人群中出类拔萃者。刘勰的观察是有道理的，他把何晏作为清谈的领袖看待，也是符合实际的。

何晏的清谈宗主地位令后人经常想其风采。西晋乐广在当时也善于谈论，很多人在他面前都要服输。尚书令卫瓘很看重乐广，多次提拔他。《世说新语·赏誉篇》注引王隐《晋书》曰："卫瓘有名理，及与何晏、邓飏等数共谈讲，见（乐）广奇之曰：'每见此人，则莹然犹廓云雾而睹青天。'"又注引《晋阳秋》曰："尚书令卫瓘见广曰：'昔何平叔诸人没，常谓清言尽矣，今复闻之于君！'"卫瓘当年曾经与何晏、邓飏等人清谈，对何晏的出色才气、超群风神佩服不已。他甚至认为何晏死后，再也见不到那样有风采的人了，这有点"曾经沧海难为水"的味道。卫瓘后来碰到乐广，乐广的清谈才能让他不禁想起何晏，认为乐广乃何晏复生。可见，卫瓘是把何晏作为一代谈宗看待的，何晏一死，清谈几绝。如果这条材料属实，我们更可以得知何晏的良苦用心，因为卫瓘乃司马氏集团中人，而何晏能够和他清谈，这说明何晏没有门户之见，他是想尽量少一个政敌，并且希望调解曹爽与司马氏两大集团的矛盾。

奖掖后进

何晏清谈当中也遇到过旗鼓相当的对手，以管辂与王弼最为有名。

管辂（210~256），字公明，平原郡（今山东德州平原县）人，三国时期魏国著名术士，后世卜卦观相的人把他奉为祖师。管辂对《周易》特别精通，据说他以给人算命准确出名，他说一个人哪一天会有祸患，往往会一一得到验证。正始九年（248）十二月二十八日，何晏请管辂到自己府上，当时曹爽集团的大将军长史邓飏也是何晏的座上客。何晏请管辂为自己卜卦，管辂劝何晏多行善事，福禄自来。邓飏认为管辂的话很不吉利，说他是"老生之常谭"，表达了对管辂的厌恶。但是，何晏并未生气，并说了"夫老生者见不生，常谭者见不谭"这句很有哲理的话。这可见何晏的大度、容让以及机敏、博辩的书生本色。

何晏对《周易》的九个问题感到不很明白（至于到底是哪九个问题，现在已无从得知），因此向管辂请教。管辂对这些问题都作了解释。何晏对管辂表示叹服，说："君论阴阳，此世无双。"邓飏对管辂的解释感到疑惑，便问管辂："君见谓善易，而语初不及易中辞义，何故也？"邓飏的意思是说管辂对《周易》研究很深，但不明白为什么他的解释反而不提《周易》。对于邓飏的疑问，管辂回答："夫善易者不论易也。"这回答非常巧妙，也符合老庄精神。这就像一个人精于某项技能，甚至是这方面的第一好手，但他从来不会去夸耀，而二三流人物往往经常在别人面前谈起自己多么多么有能力。因为第一好手已经登峰造极，别人很难企及，他没有再去夸耀的必要。管辂所说的意思，以何晏之聪明无疑是心领神会的。所以，何晏听了管辂的话之后含笑表示赞赏，说他"可谓要言不烦也"。

管辂在何晏面前并没有刻意掩藏自己，而是表现得独立自主，直爽坦白，这很受何晏的赏识。何晏是这样评价管辂的："知几其神乎，古人以为难；交疏而吐其诚，今人以为难。今君一面而尽二难之道，可谓明德惟馨。诗不云乎：'中心藏之，何日忘之！'"何晏认为管辂对《周易》的理解已经达到了很高深的水平，甚至可谓前无古人。何晏也欣赏管辂的直爽性格，不因为何晏位高权重而有什么忌讳。何晏并引《诗经》上面的话对管辂表示肯定，显示了长者的风范。

何晏和管辂的会谈充满了清谈的机智。当时管辂四十岁不到，而何晏已经五十三岁了，年龄与地位都比管辂要高。但在两人的谈话之中，何晏没有一点架子，更没有摆出哪怕少许的前辈样子。比何晏年轻的管辂反而显得词锋突出，对何晏所说的话，都充满了火药味，咄咄逼人，这可能是管辂想在何晏这个清谈领袖面前表现出自己不俗的一面。反观何晏，他没有一点愠色，而显得温和、随意、大度，一副从容不迫的模样，对管辂的逼人言辞也能化解于无形。在两人的谈话之中，我们完全可以领略到何晏悠然自得、不疾不徐的风度，他兵来将挡，水来土掩，在语言上层层设防，显得滴水不进。何晏对于后辈的管辂表现出了爱其才、重其人的风度，处处为他着想，不吝使用最好的言辞表扬他。这使我们看到了何晏雍容华贵的态度，以及平淡冲虚的精神。管辂虽然对何晏有微词，但是其实也找不到何晏太大的缺点，并且，他认为何晏的清谈才能并非常人所能及。《三国志·魏书·管辂传》注引《管辂别传》载："裴冀州（裴徽）、何（晏）、邓（飏）二尚书及乡里刘太常、颍川兄弟……辂自言与此五君共语使人精神清发，昏不暇寐。自此以下，殆白日欲寝矣。"这说明，何晏和管辂的清谈让管辂记忆犹新，何晏的清谈能给他精神的振奋，思绪的启迪，从而让他更深入思考问题。如此看来，何晏不愧是魏晋风度早期的代表。

王弼（226~249），字辅嗣，山阳高平（今山东邹城、金乡一带）人。王弼是当时的少年天才，自幼聪慧无比，有很强的哲学思辨能力，是"正始玄学"的另外一个重要代表人物，与何晏并称"何王"。可惜的是，王弼虽为天才，但天不假年，他不到二十五岁就死了。

何晏发现并欣赏王弼的才能，对这一后起之秀表达了由衷的高兴之情。《世说新语·文学篇》载："何晏为吏部尚书，有位望，时谈客盈坐。王弼未弱冠，往见之。（何）晏闻弼名，因条向者胜理语（王）弼曰：'此理仆以为极，可得复难不？'（王）弼便作难，一坐人便以为屈，于是（王）弼自为客主数番，皆一坐所不及。"何晏府上正在举行清谈，王弼当时还不到二十岁（"弱冠"为二十岁），听说何晏的大名，于是主动去拜访何晏。何晏听闻过但并未见过王弼。何晏看到王弼前来拜访，非常欣喜，正好把刚才清谈胜利一方的观点向王弼作了叙述，并问王弼能否就此观点继续深入探讨。王弼认为还有继续辩难的必要，并陈述个人看法。当时在何晏府上虽然有很多清谈专家，但是大家都不能辩过王弼。这个时候，王弼就一个人陈说观点，然后再自己反驳自己，就这样进行了往返几个回合的自我辩难。整个何府参加清谈的人都不能赶上王弼的思绪，只能甘拜下风。

何府这次举行的清谈活动，给了王弼一个展示自我才能的机会。他高超的辩论水平让在座的人刮目相看，从此，王弼在清谈界如日中天。何晏为清谈宗主，他主动提出问题让王弼参与自己府上的清谈，给王弼提供了展示才能的舞台。对于与自己相差三十余岁的天才少年王弼，何晏是欣赏的，扶持的，更把他看作清谈界的新秀，对其奖掖不遗余力。王弼的成名是与何晏分不开的。《世说新语·文学篇》注引《王弼别传》载："吏部尚书何晏甚奇之，题之曰：'后生可畏。若斯人者，可与言天人之际矣！'以（王）弼补台郎。"何晏不但认为王弼是清谈的后起之秀，而且积极为其前途考虑，对人才的渴求可见一斑。何晏虽然凭借自己的力量提拔了王弼，但是王弼受到曹爽等人的排挤，再加上他不擅长政务与处理人际关系，一直得不到更大升迁，这让何晏为王弼"叹恨"不已。

何晏在王弼这个天才少年面前，表现出的是爱护、提携，而不是打压、抑制，这正说明何晏胸怀的宽广。甚至在王弼在清谈界的声望有超越自己的可能时，何晏也没有任何嫉妒的想法，照旧对之照顾有加，两人在学术趣味上可谓一对知音。《世说新语·文学篇》载："何晏注《老子》未毕，见王弼自说注《老子》旨。何意多所短，不复得作声，但应诺诺。遂不复注，因作《道德论》。"何晏有注释《老子》的想法，但是当他听到王弼注释《老子》的观点之后，觉得自己的想法比起王弼来有所不如，因此放弃了注释《老子》，而把自己的主要思想写成了《道德论》。何晏和王弼都喜欢《老子》，并且都想注释《老子》，这说明两人有相同的爱好，志趣比较相投。但是，何晏也认识到，注释《老子》的工作交给王弼可能更加合适，因此他主动大方地放弃了。

何晏倡导玄学，并成为其中宗主与同好者的保护人，他和王弼的关系很好地说明了这一点。何晏在前，开清谈之路，使之蔚然而起；王弼在后，扩玄学之域，使之横绝四方。所以，史书往往将何、王同举并论。《三国志·魏书·钟会传》注引《王弼别传》曰："其（王弼）论道附会文辞不如何晏，自然有所拔，得多晏也。"这是说王弼在论道文辞的组织、排比上不如何晏漂亮，但是论道的理论上，可能比何晏要深刻。两人一前一后，辉映魏晋的玄学世界。

玄学祖师，自创新义

何晏的清谈以及思想之所以在当时以及后来引起轰动，主要是因为何晏对玄学的理论创造。那么，何晏到底提出了怎样的理论而能被人广泛关注呢？一言以蔽之，何晏的思想主要在于对本体论的追溯，以及在此基础之上的儒道结合。

两汉时期儒学盛行，儒学是以安邦济世、修养心性、提升伦理为主要教导思想的。儒学主要关注现世，要求处理好人与人、人与社会之间的关系，通过个人的道德修习往外推扩，达到有利于别人，有利于集体的目的。儒学甚少关注来世或者高远的理论问题，即使有所讨论，也不去展开，认为"未知生，焉知死"，因而"敬鬼神而远之"。所以说，儒学是以成就今生事业为最高要求的，相对的，就缺乏一种超越精神。西汉董仲舒提出"道之大原出于天，天不变，道亦不变"，力图从"天"的地位上给儒家思想以形上根据。两汉以来，儒家学说有被神化的趋势，孔子以及经书都被提高到至上地位，以致谶纬横行。当时儒家学说中比较流行的是宇宙生成论，认为天地互相感应，就像男女结合一样，从而生成了万物。这种思想其实是把自然人化了。宇宙生成论所要讲的是哪种事物重要的问题，相对于被生者，生者肯定地位重要。这个生者往往被认为是天，但是天是什么，是有形的无形的，还是自然的精神的，谁也说不清楚。宇宙生成论重视现存的事物以及它从何而来，但是不关注所有事物的本质问题。

事物的本质和事物的重要性两者是不一样的。事物的本质是要搞清所有事物到底有没有相同的东西，在纷纭万变的现象背后有没有一种适用于所有事物的本质存在。事物的重要性只讲生成问题，只看重事物存在的个体关系，至于它们背后有没有更根本的东西存在，它们的来源如何，生成论不去关注。

而探究现象与本质的关系问题，探究决定万事万物的"存在"，这就是本体论问题。何晏摒弃了两汉谶纬儒学的烦琐、神秘、天人感应等一套学说，而直接探讨社会政治关系的本体论问题，从而透过现象把握事物本质。这是一种崭新的思维方法，它不再沉迷于纷繁复杂的具体事物，而是直指事物核心，有提纲挈领的功效。因为它善于追索事物本质，从而显得有理论穿透力，有很强的适应力。具体来说，何晏的玄学新义包括以下几个方面：

第一，提出以无为本的思想。何晏认为，世界的本质是"无"，万事万物都是从它而来，都因它而成就自己。他的《无为论》说："天地万物皆以无为本。无也者，开物成务，无往不存者也。阴阳恃以化生，万物恃以成形，贤者恃以成德，不肖恃以免身。故无之为用，无爵而贵矣。"无是无处不在的，天地万物都是因它而起，无的用处实在是太微妙了，它虽然看不到摸不着，但是却依然明显地存在。

以无为本、无中生有，这样的思想无疑是非常精深的，理解起来也比较困难。我们可以举个例子来说明无中生有的思想。假设，有一群人，我们要求：A. 挑出一个人；B. 挑出一个男人（女人）；C. 挑出一个漂亮的男人（女人）；D. 挑出一个有成就的、漂亮的男人（女人）；E. 挑出一个家世很好的、漂亮的、有成就的男人（女人）；F. 挑出一个来自山东的、家世很好的、漂亮的、有成就的男人（女人）……当我们选择 A 时，这个人很容易挑出；当选择 B 时，那要稍微注意一下才能挑出；当选择 C 时，那无疑困难更加大了。以此类推，越往后困难越大，甚至于挑不出这样一个人。我们可以发现，A 条件限定很少，选择比较容易，但是 B 到 C 到 D 往后一直到 F，限定条件越来越多，我们选择起来就越来越麻烦了。借用哲学术语来说明这种情况，那就是事物的内涵和外延正好成反比例增长，内涵越小，外延越大，反之亦然。那我们选择 A 时，内涵限定很小，所以可以选择的外延很大，到了 F 时，内涵限定越来越多，可以选择的外延就很小了。A 的内涵已经很小，假设再把这个内涵继续缩小，小到极点，甚至到了不加任何限定，那我们的选择无疑是无限大了。当事物的内涵不加任何限定的

119

时候，那不就是"无"吗？如此说来，"无"不是空虚，而是"大有"，它不进行任何限定，看起来像没有一样，实际上是"所有"。当我们掌握了所有的一般的东西，不抱任何成见，那不是任何事物都可以在我们这里被发现吗？既然掌握了一般的规则，那么具体的事物不是更容易处理吗？原来，无中生有就是讲了一般与具体的关系、内涵与外延的关系，这就是无中生有的妙处！

当何晏提出以无为本的思想的时候，无疑在理论上达到了一个很高的境界。他在《道论》里也说："有之为有，恃无以生；事而为事，由无以成。夫道之而无语，名之而无名，视之而无形，听之而无声，则道之全焉。"无可以生有，正因为它的不加限定，任何具体的事物都能在它那里找到根据和理由。这就是何晏理论的高妙之处。

何晏这种以无为本的思想是贯穿始终的。他在《无名论》里也说："为民所誉，则有名者也；无誉，无名者也。若夫圣人，名无名，誉无誉，谓无名为道，无誉为大。则夫无名者，可以言有名矣；无誉者，可以言有誉矣。然与夫可誉可名者岂同用哉？……道本无名，故老氏曰：强为之名。仲尼称：尧荡荡无能名焉……夫唯无名，故可得遍以天下之名名之，然岂其名也哉？"这里所阐述的意思和在《道论》里所表达的基本相同。就是说因为"无"没有任何限定，反而有更大的适应性。正因为它的"无名"，所以可以用各种名字称呼它，而一旦它有了名字具体下来之后，就不能用来称呼其他事物，它的适应性就消失了。由此可知，"无名"的重要性是多么关键。要想达到自由无待的状态吗，那就保持无中生有吧！

120

何晏的思想很多都来自《老子》。《老子》第一章说："道可道，非常道；名可名，非常名。无名，天地之始；有名，万物之母。"第二十五章又说："吾不知其名，强字之曰'道'，强为之名曰'大'。"《老子》认为，道是不能言说的，但是为了让人明白，还必须要言说，但是必须要记住道本身是"无名"的。这是何晏"无名论"思想的直接来源。《老子》第十一章说："三十辐共一毂，当其无，有车之用。埏埴以为器，当其无，有器之用。凿户牖以为室，当其无，有室之用。故有之以为利，无之以为用。"意思是说像车毂、陶器、户牖等器物，都有空虚的地方，而这些地方正好可以让它们派上用场，车毂中空的地方可以用来装辐条，陶器中空的地方可以放东西，户牖中空的地方可以作窗户，由此可见"无"的作用多么巨大。何晏强调"无之为用"也是这个意思。

何晏提出"以无为本"，也有政治上的考虑，那就是君主应该在行政的时候没有偏见，没有好恶，完全根据现实情况治理国家，不能因为私心甚至贪欲而任意胡来。君主只有达到"无"的水平，才能明察秋毫而不被任何情况蒙蔽，从而才能够有效地治理国家。何晏以无为本的思想提升了玄学的理论高度，使有、无问题成为以后经常讨论的问题。

第二，提出圣人无情的观点。何晏认为，圣人之所以为圣人，因为他们与常人不同，他们是无喜怒哀乐等普通人的感情的。何晏的这个观点，留存资料很少，可见《三国志·魏书·钟会传》注引何劭《王弼传》："何晏以为圣人无喜怒哀乐，其论甚精，钟会等述之。（王）弼与不同，以为圣人茂于人者神明也，同于人者五情也。神明茂，故能体冲和以通无；五情

121

同，故不能无喜怒哀乐以应物。然则，圣人之情，应物而无累于物者也。今以其无累，便谓不复应物，失之多矣。"何晏认为圣人是没有一般的喜怒哀乐之情的，对此他可能还有不少发挥，所以钟会会在何晏的基础上对此更加深入探讨。王弼对此有不同看法。他认为圣人高于一般人的地方在于具备"神明"，圣人与一般人相同的是都有"五情"。圣人因为具备"神明"，所以能够体会至高的道理，但圣人又具有一般人的"五情"，也会有喜怒哀乐的表现。只是，圣人对情的表达能够达到"应物而无累于物"的地步，既能顺应万物而又不被万物所打扰。

通观王弼反驳何晏的说法，我们可以发现，两人对于圣人之情的描述其实有很多共同之处。两人都认为圣人之情不能执着于具体事物而被它们所牵引、所引导。这是圣人超越于常人的地方。何晏认为，既然圣人要超越于常人，应该不会有情，更不会顺应万物而行。王弼也认为圣人具有超越性，圣人应该在顺应万物的时候又超越它们，而不是不顺应万物。何晏圣人无情的理论应该来自于他的以无为本的学说。何晏认为，圣人也应该体无，保持一种清净的状态，圣人如果有情，那他的判断、决策就会受到私心的影响，从而达不到公正的水平。圣人体无，然后无情，这样才能无往而不胜，做到不累于物。何晏和王弼都强调超越，何晏从情本体立论，注重从根本上解决问题；王弼从情的使用出发，强调在现实之中超越。两人路径不同，但最终目的是一样的。当然，王弼在圣人之情的探讨上比何晏更加细致精深。

何晏提出圣人无情，深化了对圣人人格问题的讨论。而在何晏的眼里，圣人是以无为本的，这与《老子》所说的"无为而无不为"有相通之处。他认为圣人保持自然状态，不存先入为主的见解，然后才能在做事的时候更好地认清事物的道理，给予各种事物合理有序的安排。所以，圣人无情的背后是一种高超的政治理论。

第三，初步用义理思想来解释《周易》。关于何晏的易学思想，流传下来的资料少之又少，我们只能作一些推论。《三国志·魏书·管辂传》注引《辂别传》说，何晏对于《周易》中的九个问题不大明白，曾经询问管辂。管辂解释得非常好，得到了何晏的赞赏。至于《周易》的哪九个问题何晏不明白，史料缺略，因而我们对此不是非常清晰。

难得的是，《南齐书·张绪传》对此有稍许记载："（张）绪长于《周易》，言精理奥，见宗一时。常云何平叔所不解《易》中七事，诸卦中所有时义，是其一也。"余敦康先生在《何晏王弼玄学新探》中说："根据这条唯一的记载，我们大致可以推测，何晏是企图探索一条以义理解《易》的新路数，来改变汉代象数派易学的旧传统。所谓时义就是卦义，也就是……辞义。汉代象数派易学讲卦气，讲卦变，而不讲卦义。何晏发现卦义是《周易》原始结构中的重要组成部分，虽然不得其解，但是这个发现的本身所具有的理论意义是不可忽视的。以王弼为代表的义理派易学正是贯彻了这条新思路，把发掘六十四卦的卦义作为核心而后建立起来的。"可见，何晏在玄学上承先启后的意义和作用是非常巨大的。

何晏不愧是玄学的祖师，他有很强的思辨能力，并能够用富有逻辑的文字表达出来。他对事物的本体论认识以及对新思潮的体认，都对汉代以来的宇宙生成论形成了极有力的冲击，从而能打破旧有传统的藩篱，开创当时理论界的新局面。何晏对玄学的理论思考，直接启迪了王弼的思想，使王弼成为正始玄学的集大成者。

《论语集解》的贡献

《论语集解》一般认为是何晏所撰，但是我们通过它的序言知道，本书是集体编撰的成果，除何晏之外，尚有孙邕、郑冲、曹羲、荀颙等人。此书之所以被称为是何晏所撰，原因可能有二：其一，此书属于集体官修性质，何晏最后润色修饰，出力较多；其二，此书在保存儒家旧说的基础上，并有很多何晏本人的意见，中心思想应属何晏。

《论语集解》包括序和正文两大部分。序简略介绍了《论语》流传的情况，并重点提及给《论语》作注比较出名的几家大师，最后阐述了作此书的目的。正文部分按《论语》本身的篇章结构对《论语》进行注解。何晏等集西汉以来诸家《论语》校本及孔安国、包咸、周氏、马融、郑玄、陈群、王肃、周生烈等名家注释，考证得失，博采众长。

何晏在《论语集解》的序文中说："前世传授师说，虽有异同，不为训解，中间为之训解，至于今多矣，所见不同，互有得失。今集诸家之善，记其姓名，有不安者，颇为改易，名曰《论语集解》。"由此可知，何晏尊重前人的研究成果，学术态度非常严谨，凡是别人的观点都详细记录了。对《论语》学上有定论的东西，何晏整个收集过来，不再进行解释。而对西汉以来各家的注释，他不但收集起来，还作出了自己的解释。

何晏等人的工作，达到了保存前人学说的目的，为后人的研究提供了比较多的资料。而对《论语》注释不同甚至针锋相对的意见的罗列，也让我们看到了何晏本人的许多学术思想。

《论语集解》在经学史上是非常重要的一部书。它的主要特色有如下几个方面：

第一，抛弃门户之见，创立"集解"体系。两汉以来，儒家形成了今文学与古文学的派别，今文学派注重发挥孔子的微言大义，古文经学注重音韵训诂，两家所依据的经典以及具体的经说都有不同，因此导致了很多争论，门户之见非常之深，一直影响到后代的儒学。到了东汉郑玄，遍注群经，希望融通古文经学与今文经学，在经学史上影响非常之大。三国时期，司马昭岳父王肃在经学思想上处处与郑玄作对，又形成了"郑学"和"王学"的冲突和斗争。

何晏的《论语集解》所收注家中，孔安国是比较纯正的古文学家，包咸是比较纯正的今文学家，马融兼有今文经学的成分，但是仍以古文经学为主。何晏等人把今古文经学以及"郑学"与"王学"等都收集起来，这说明何晏是没有门户偏见的，他是想在前人的基础上建立更加包容、更有理论功底的思想体系。何晏等人以"集解"体的形式注释《论语》，这在之前是没有的事情，所以这是何晏等人的首创。顾名思义，"集解"就是汇百家之说、融百家之长，讨论问题比较活泼、自由，这对以前烦琐的经学注释是一种突破。这种体系的创立，影响了后来的经学家，比如西晋的杜预就有《春秋左氏经传集解》。

第二，在对经说的采集上"厚古薄今"。何晏以采集古人经说为主，直接根据经典的叙述来判断各种问题，直探根本，然后提出自己的解释，对于纷纭复杂的各种经说则取精去粗。他的这种注释方式，对于扫除经学界的烦琐之风起到了重大作用，使经学呈现出简约的新气象。这种思维方式，与何晏一贯看待问题的精神是相一致的。

第三，致力于儒道融合。《论语集解》在这个方面的作用尤其重大，可以说既是一部总结性的经学著作，又在倡导玄学方面起了重要作用。儒家之学理论提升相对较弱，特别是对天命性情言之不足，而道家的形上思考正可以补充这一缺陷。把道家的形上工夫与儒家的治世经验结合起来，并给予全新的说明，这是一项极其重要的思想工作。

在《论语集解》中，致力于儒道会通的思想很多。《论语·公冶长》有言"夫子之言性与天道，不可得而闻也"，何晏解释为"性者，人之所受以生也；天道者，元亨日新之道，深微，故不可得而闻也"，这里所谓"深微"就给人感觉有玄学的风味，这是要把儒家圣人变为玄学圣人。《论语·卫灵公》"予一以贯之"一语，何晏解释为"善有元，事有会，天下殊途而同归，百虑而一致。知其元则众善举矣，故不待多学，一以知之。"这里所谓的"元""一"，都是指事物的根本，只要掌握了根本，就可以执一以御众，万千世界多能应对。何晏的这种解释是用道家本体的方法来解释儒家学说，"不待多学"更不是儒家的思想：《论语》第一章就是《学而》，强调为学对人自身修养的重要性。"不待多学"可能与道家更接近。《庄子》就说过"吾生也有涯，而知也无涯。以有涯随无涯，殆已"，就是说人生有限，但是知识无限，用有限的人生去追寻无限的知识，那不会有什么好结果。这种思想与何晏所说的"不待多学"倒是异曲同工。何晏本为解释儒家思想，却与之相悖，显然是在发挥自己的观点，有点"六经注我"的味道。他把儒家的思想都给予形上思想的关照，又让人有豁然开朗的感觉。

这样的例子还很多，比如注释《论语·子罕》"瞻之在前，忽焉在后"一语，何晏说"言忽恍不可为形象也"。此语正出自《老子》第二十一章"道之为物，惟恍惟惚。惚兮恍兮，其中有象"，何晏的话如果是用来形容孔子的，怎么看都不像；注《子罕》篇"毋意，毋必，毋固，毋我"之"毋我"一语，何晏说"述古而不自作，处群萃而不自异，唯道是从，故不自有其身也"。孔子只是说人怎样修身养性，而何晏却把它抬高到"唯道是从"的地步，还说"不自有其身"，这也是与孔子思想不符合的，孔子是主张对个体的人时时反省的；注《论语·述而》"志于道，据于德，依于仁，游于艺"之"志于道"一语，何晏说"志，慕也。道不可体，故志之而已"。孔子是在说做人之道，但是何晏却把它上升到本体的"道"，还说这种"道"不能接近，这也是不符合孔子原意的。孔子的"道"都是很实在的，和现实有密切联系的。通过这些例证可以看出，何晏在很多方面是用道家的思想来改造儒家思想，予其以更超拔的理论内核。

从何晏的《论语集解》中不难发现，何晏是用完全不同于儒家思想的指导理论来解释儒家思想的，这种解释难免在某些地方背离儒家本身的教导。按照西方阐释学的说法，对经典的解释是因人而异的，由于主体本身的不同理解会给文本以差距很大的阐释，这种阐释虽然与文本的本意相差可能很大，但是却借助文本完成了新思想的建立。可以这样说，文本的阐释是常释常新的。

根据这种理论，我们来看《论语集解》的重大意义可能会更加深刻。何晏的《论语》注释，在很多方面背离经典本身的意思，这一点何晏不是不清楚。他之所以这样做，目的不是与经典唱对台戏，而是为了创造新的思想。那么，这种新的思想是什么呢？简单地说，就是用玄学的理论、玄学的方法来把握事物，包括解释儒家经典思想。玄学的方法是执本举末、纲举目张，用这种方法来阐释经典，就能使经典有鲜活的生命力，有更加动人的魅力。这种方法的大量运用，贯穿了《论语集解》的始终，这说明何晏的思想在经典上找到了训练的场地。因为碍于经典本身，这种玄学的阐释方法可能有时候显得比较模糊，比较隐晦，甚至让人感到别扭，但是，这毕竟是一种新的方法。何晏之后，这种玄学化的思维方式占据了主流，等到王弼，他更把这种阐释方法发挥到极致，从而使得玄学的理论更加精致完美。可以说，何晏的《论语集解》不但在经学史，而且在玄学史上都有不朽的价值和贡献。何晏的《论语集解》被收入《十三经注疏》就是极好的证明。

这里可以列举一些名家对何晏《论语集解》的高度评价。

南宋学者叶适在《习学记言》中说："何晏《集解序》，语简而文古，数百年讲《论》之大意赖以有存。经（何）晏说者，皆异于诸家，盖后世讲理之学，以（何）晏及王弼为祖，始破经生专门之陋矣。"这是称赞何晏《论语集解》对保存古代经说所起的重大作用，并认为何晏的《论语集解》以义理解释经典，也是一种创造。

清代学者编撰的《四库全书总目》云："赵岐、何晏以下，古籍存者寥寥。梁武帝义疏以下，且散佚并尽。"这是肯定何晏《论语集解》对保存经典的贡献。

现代学术大师钱穆先生在《论语新解》中说："读《论语》必兼读注。历代诸儒注释不绝，最著有三书。一、何晏《集解》，网罗汉儒旧义。又有皇侃《义疏》，广辑自魏迄梁诸家。两书相配，可谓《论语》古注之渊薮。二、朱熹《集注》，宋儒理学家言，大体具是。三、刘宝楠《论语正义》，为清代考据家言一结集。"钱穆不但认为何晏的《论语集解》是"古注之渊薮"，而且把它列为有史以来《论语》最好的三个注本之一，评价不可谓不高。

现代经学名家周予同在《中国经学史讲义》中也说："王弼、何晏与经学史是很有关系的。他俩跟汉代今文学家、古文学家不同，思想内容上超过了今文学，文化底子则是来自古文学。"这从学术渊源上承认了何晏《论语集解》的影响。

日本学者金谷治在《郑玄与〈论语〉》一文中说："《论语》的注释今天大量存在，但其中最重要的却是称为古注的曹魏何晏的《论语集解》和称为新注的朱熹的《论语集注》。新注暂且不论。古注《集解》，顾名思义，是适当取舍何晏以前诸家注解而成。……这些前辈的注本亡佚了，而何晏的《集解》却保存了下来，当然被认为是《集解》本的长处所致。"这是高度评价了何晏《论语集解》所拥有的独一无二的价值。

何晏主持编纂《论语集解》，保存了大量比较原始的儒家资料，是儒学史的功臣。不仅如此，他还对《论语》作了有创造性的阐释，在更高层次上给予儒家思想以理论提升，使之发生玄化倾向，给了魏晋玄学以极大影响。

古怪的癖好

现在历史学界流行社会文化史方面的研究，就是要从微观、细节的历史入手，具体详细地复原人们所生活的时代。这种研究特别注重那些以前被我们忽视的历史内容，比如人物个性、民风民俗、家庭教育等方面，深入剖析这些微观历史反映的内容，从而致力于还原历史的真相。我们现在也采用这种办法，具体细致地看看何晏这个人物的生活细节，或许能够更加有血有肉地还原何晏本人。

何晏是一个有不少癖好的人物。

何晏喜欢傅粉。傅粉就是往脸上涂抹脂粉，以作美容之用。现代的男人多会用用润肤露之类的美容品，女人则有更细致更费时的化妆，她们的化妆品会琳琅满目，以致让人目不暇接。一般来说，细致的化妆是女人的专利。但是，何晏身为男人，也对傅粉情有独钟。

《世说新语·容止篇》载："何平叔（何晏）美姿仪，面至白，魏明帝疑其傅粉。正夏月，与热汤饼。既噉，大汗出，以朱衣自拭，色转皎然。"南朝刘孝标给《世说新语》作注释，引《魏略》称："（何）晏性自喜，动静粉帛不去手，行步顾影。"刘孝标说："此言，则（何）晏之妖丽，本资外饰。且（何）晏养自宫中，与（明）帝相长，岂复疑其形姿，待验而明也？"刘孝标认为，何晏本来皮肤就很白皙，根本不用傅粉。

他还认为，何晏自幼养在深宫，与明帝有接触机会，明帝不可能不知道他皮肤的真实情况，因此完全不用专门去验证这件事情。这个怀疑是有一定道理的。照此看来，何晏皮肤白皙可能是天生的。但这并不能完全排除何晏傅粉的可能性。

余嘉锡先生在其大作《世说新语笺疏》中找到了汉魏时期男子傅粉的证据。其一，《汉书·佞幸传》云："孝惠时，郎、侍中皆冠骏𫐉，贝带，傅脂粉。"这里的"郎、侍中"，是皇帝身边的亲近之人。他们的穿着打扮有严格的要求，从冠饰到腰带，都很讲究。他们为了面貌整洁，会进行一定的化妆，以应付一些礼仪场合的要求。其二，《后汉书·李固传》曰："梁冀猜专，每相忌疾。初，顺帝时，诸所除官，多不以次，（李）固奏免百余人。此等既怨，又希望（梁）冀旨，遂共作飞章，虚诬（李）固罪曰：'大行在殡，路人掩涕。（李）固独胡粉饰貌，搔头弄姿'。"其三，《三国志·魏书·王粲传》注引《魏略》曰："临淄侯（曹）植得（邯郸）淳甚喜，延入坐。时天暑热，（曹）植因呼常从取水，自澡讫，傅粉，遂科拍袒胡舞。"对于第二条资料，余先生说："此虽诬善之词，然必备当时有此风俗矣。"余先生最后总结说道："何晏之粉白不去手，盖汉末贵公子习气如此，不足怪也。"余先生的分析很有道理。这种男子傅粉的习气，到了南朝有愈演愈烈的趋势。颜之推的《颜氏家训·勉学》载："梁朝全盛之时，贵游子弟，多无学术……无不熏衣剃面，傅粉施朱……望若神仙。"到了唐代，这股风气还是存在的，《旧唐书·张易之传》载："（张易之、张昌宗）兄弟俱侍宫中，皆傅粉施朱，衣锦绣服。"当然，张氏兄弟的傅粉是另有目的的。

傅粉能够增加体香，美化容貌，是一种爱美的表现。魏晋名士都是爱美之人，傅粉乃是他们表达美的一种工具，并非目的。同时，名士清谈的时候往往会耗费很多时间和精力，傅粉能够增加香气，为清谈制造一种微妙的气氛。

除了傅粉，魏晋名士很多都热衷于薰香。所谓"薰香"就是用香炉熏衣服，让衣服带上香气，就像现代人擦香水一样，可以遮蔽身体的味道，并借以美化自己。《三国志·魏书·朱建平传》载："帝（曹丕）将乘马，马恶衣香，惊啮文帝膝，帝大怒，即便杀之。"魏文帝曹丕乘马的时候，因为衣服上的香味太重而惊扰了马，马就咬了曹丕一口，曹丕一气之下就把马给杀死了。这说明曹丕的衣服是薰过香的。曾经指挥军队在淝水大败前秦的谢玄是东晋谢安的侄子，谢玄就很喜欢薰香。《晋书·谢玄传》载："（谢玄）少好佩紫罗香囊，（谢）安患之，而不欲伤其意，因戏赌取，即焚之，于此遂止。"谢玄小时候喜欢佩戴香囊，谢安认为这是不长进的表现，一个男人如此作为，将来干不了什么大事，因此，谢安就想办法烧掉了谢玄的香囊。

薰香和傅粉，都是男子为了容貌美观而作出的行为，魏晋名士对自己的容貌确实是非常在意的。当时很多名士皮肤都很白。西晋时期的太尉王衍也喜欢清谈，是典型的名士，据说他的手之白皙和玉器没有分别。西晋时期有个名士叫卫玠，是一个少有的美男子，他被称为"玉人"，可见他皮肤也很白皙。首都洛阳地区的人们对卫玠心仪已久，整天都有人嚷着要看看他的容貌，结果因为卫玠体质不好，看的人多了受不了折腾，因此而死掉了，这个故事就是有名的"看杀卫玠"。另外一个西晋名士裴楷，也有"玉人"的称号，可见皮肤也不会差到哪里。皮肤白皙是一种高洁、超脱、出世的象征，契合魏晋名士对玄远境界的体认，是一种审美的追求。

何晏的"动静粉帛不去手，行步顾影"，不禁让我们想到一个希腊神话。河神刻菲索斯和水泽女神利里俄珀生了一个儿子叫那喀索斯，是世间少有的美男子。有一天，那喀索斯在林中打猎，发现了一片清澈的湖水。当他在湖边饮水的时候，看见了自己水中的影子。那个影子真是太漂亮了，那喀索斯从来没有看到过如此俊美的男子，竟然情不自禁爱上了水中自己的倒影。他站在湖边望着自己的影子，过了一天又一天，不吃不喝，也不再做任何事情，每天就是和自己的影子相守在一起，最终使自己年轻的生命很快消亡。几天后，在那喀索斯倒下的地方，长出一株株的水仙花。水仙花后来成为自恋的代名词，就是从这个故事来的。何晏"行步顾影"和那喀索斯有点相似，即很在意自己的容貌，以致不能自拔，达到了自恋的程度。何晏的自恋可能引起了时人非议，从而大肆宣传，何晏因此被人批评不断。

何晏穿"妖服"。先来看一段资料，《晋书·五行志》载："尚书何晏，好服妇人之服。傅玄曰：'此服妖也。夫衣裳之制，所以定上下、殊内外也。……若内外不殊，王制失叙，服妖既作，身随之亡。妹嬉冠男子之冠，桀亡天下；何晏服妇人之服，亦亡其家，其咎均也。"这里的所谓"妖"，是指的邪恶、不正常，说何晏穿着奇装异服，让人匪夷所思。

傅玄是魏晋时期的文学家、思想家。他说何晏喜欢穿女人衣服，违背了男女、上下之别，这种现象被他认为是覆国灭家的征兆。把何晏穿女人衣服与覆国灭家联系起来，显然是深文周纳、勉强附会之辞。因为傅玄站在司马氏一派，难免与曹爽集团的何晏有矛盾，所以他的话有打击异己之嫌，不能全信。

傅玄的说法中有一点可以相信，那就是古代人于穿着是很讲究的，什么场合穿什么衣服，都有要求。在朝廷上要穿正式的官服，在平时穿着也不可能太过于随意。一旦一个人穿着不够整齐、不够依照规矩，那就可能被人批判，被认为是毁礼败俗，甚至被看作是礼崩乐坏、人心不古的象征。两晋时期著名的道教理论学者葛洪，就对当时服饰的多变、散漫给予了强烈批判："（永嘉）丧乱以来，事物屡变：冠履衣服，袖袂财（裁）制，日月改易，无复一定。乍长乍短，一广一狭，忽高忽卑，或粗或细，所饰无常，以同为快。其好事者，朝夕放效，所谓'京辇贵大眉，远方皆半额也。'……君子行礼，不求变俗。"葛洪认为，服装穿着完全凭个人兴趣爱好，长短大小都不讲究，并且还每天变换花样，搞奇装异服，这是非常要不得的，一个讲究礼节的君子一定不会胡乱穿着。如此看来，在中国古人的观念里，服饰代表着一种政治文化，不是能随便胡来的，服饰乱了政治也就不行了，这或许就是所谓"衣冠子弟"的来源吧。

傅玄对何晏穿着的批评和葛洪的思想非常相似。我们猜测，何晏在当时可能对着装不太在意，穿着比较随便，甚至怎样舒服怎样穿，正装和常服也没有什么区别，这也算是一种本之自然的风度。但是，傅玄对他的做法却看不过，因此极力抨击。

何晏穿着奇怪，可能和服食"五石散"有关。鲁迅先生在著名的文章《魏晋风度及文章与药及酒之关系》中说："吃了散之后，衣服要脱掉，用冷水浇身；吃冷东西；饮热酒。这样看起来，五石散吃的人多，穿厚衣的人就少；比方在广东提倡，一年以后，穿西装的人就没有了。因为皮肉发烧之故，不能穿窄衣。为预防皮肤被衣服擦伤，就非穿宽大的衣服不可。现在有许多人以为晋人轻裘缓带，宽衣，在当时是人们高逸的表现，其实不知他们是吃药的缘故。一班名人都吃药，穿的衣都宽大，于是不吃药的也跟着名人，把衣服宽大起来了！"服食五石散之后，为了使衣服不伤身体，只能穿比较宽大、轻软的衣服，这给人看起来有点像女人的衣服。傅玄却对之大加发挥，借以丑化、批判何晏本人。

何晏喜欢服食"五石散"。《世说新语·言语篇》载："何平叔云：'服五石散，非唯治病，亦觉神明开朗。'"所谓五石散，是指钟乳石、紫石英、白石英、硫黄、赤石脂五种矿物加工而成的药物，当然这五种药物可以加减为之，不一定非得五种必备。这些药物多是矿物质，而在矿物质里往往有一些有毒的化学成分，比如砷、铅之类的东西，因此极易对人形成危害。

据说五石散的方子是名医张仲景发明的，何晏看了张仲景的方子之后，自己动手实验加工，然后就制成了五石散，服用后觉得效果不错。后来，唐代名医孙思邈在《千金翼方》中详细记载了五石散的配方。五石散用温酒服下，在服药期间不能吃热的而要吃冷的东西，五石散本身很热，再吃热的东西人肯定忍受不了。因为服食五石散之后要吃冷的东西，所以它又被叫作"寒食散"。服了五石散，人体发热，因此要出去散步，以便把身上的热量散发掉，这叫"行散"。又因为身体燥热，所以不能穿紧身的衣服，而要穿宽衣，以便及时散热。身体发热，又不能洗澡，因为冷热交加，容易给服食五石散的人带来生命危险。因为不洗澡，身上就会不干净，长虱子，所以魏晋时期很多名士一边清谈一边捉身上的虱子，这被称为"扪虱而谈"，是魏晋名士风度的象征。

五石散是一种烈性药，虽然可以让人暂时觉得身体舒服，精神清爽，但只是一时之功，长久下去会把身体吃垮。五石散的毒性是很强的。西晋初年有个叫皇甫谧的人服食了五石散，全身痛痒，难以忍受，甚至要捉刀自杀。魏晋时期还有其他不少人在服食了五石散之后，留下了很大的毛病，有的舌头缩入喉中，有的背上生疮，有的脊肉溃烂。由此可见，五石散确实危害剧烈。

何晏不知道怎么看了张仲景的药方，还自己作了加工，开始服食五石散。因为何晏是名士，他的一举一动特别受人关注，大家一看何晏服食五石散，觉得一定很好，于是都纷纷开始行动起来。结果是魏晋名士服食五石散的大有人在。服食五石散成为当时的流行风潮。

何晏服食五石散可能是因为自己身体不好，他长年在深宫，体质可能比较弱，服食五石散可以增强体质，让他暂时感到身体舒服。

何晏服食五石散也可能与他喜欢女色有关，因为五石散就像春药一样，可以让人短暂地精神高涨，获取一定程度的快乐。

何晏服食五石散其实也是一种养生的手段。汉魏以来战乱流行，人命不保。人们认识到生命的无常，人生的脆弱，因此养生逐步成为一种时代思潮。当时的古诗写道："服食求神仙，多为药所误。不如饮美酒，被服纨与素。"这从侧面展示了混乱年代人们对生命的重视和留恋，他们渴望通过服药来达到生命的长久，以避开乱世的侵害。

像曹操、曹丕、曹植等人，都很注重养生，曹操身边有甘始、左慈、郄俭等方士，他们精通行气、房中、辟谷等养生的方术，曹操也曾尝试吃含有毒成分的葛根，这样做是为了强身健体。何晏自小生活在曹操身边，可能受到了曹氏家族养生思想的影响。服食五石散也是为了长生。魏晋时期，道教发展，道教的中心思想就是长生不死，为了这个目的，人们炼制各种丹药，想通过服食丹药的方法达到长生不老。何晏服食五石散，也是有期望长生不死的念头在里面。术士管辂预言何晏会死，说他："魂不守宅，血不华色，精爽烟浮，容若槁木，谓之鬼幽。……鬼幽者为火所烧，自然之符，不可以蔽也。"这可能是因为何晏服食五石散过度，从而导致身体委顿、气血不足，看起来显得形容枯槁、精神萎靡。管辂说何晏要"为火所烧"，这可能是因为五石散是一种热毒，服食之后就让人身体发烫、焦躁难耐。在五石散的折磨之下，何晏应该受了不少的苦楚。管辂的预言可能正是在看了何晏服食五石散的情形之后所作出的，具有一定的历史真实性。当然，管辂的预言也说明，何晏当时的政治危机在加剧，司马氏集团的屠刀已经磨响，一副山雨欲来的样子，因此社会上才有关于何晏命运的各种传闻，管辂的预言只是其中之一。果不其然，在管辂预言一年之后，何晏就被司马氏杀掉了。

自从何晏服食五石散以来，效仿他的人络绎不绝。比如"竹林七贤"之一的嵇康在《难养生论》中说自己服食"琼蕊玉英，金丹石菌，紫芝黄精"，这与五石散很近似。东晋著名书法家王羲之也有服食五石散的爱好，《全晋文·王羲之帖》中说："服足下五色石膏散，身轻行动如飞也。"如此看来，王羲之服食五石散不但为了强健身体，还为了可以像仙人一样来去自如。甚至连高僧对五石散也很有兴趣，《高僧传》卷六《庐山释慧远传》中说："（慧）远修书曰：'……自（慧）远卜居庐阜，三十一余年，影不出山，迹不入俗。每送客游履，常以虎溪为界焉。以晋义熙十二年八月初动散，至六日困笃。"所谓"动散"，就是五石散的药力发作。慧远是东晋著名高僧，他也服食五石散，从药力发作一直到最难忍受的时刻，其间持续了五六天，这也可以看到服食五石散所带来的危害。从中不难看出，一种风气足以影响人们的行为。

看来，何晏不但是清谈领袖、玄学祖师，同时也是服药的鼻祖。何晏生活优裕，家庭富足，他有条件、有能力获得五石散的原料，从而去制作、服食。这对一般人来说是很难办到的。

为什么包括何晏在内的魏晋名士服食五石散？我们或许能从中国古代气候变迁上找到一些原因。著名气象学家竺可桢先生写了一篇影响很大的文章，名叫《中国近五千年来气候变迁的初步研究》。他把中国历史上的气候变迁分为四个温暖期、四个寒冷期。四个温暖期是：1. 公元前 3000 年至前 1000 年左右为第一温暖期；2. 公元前 770 年至公元初为第二温暖期；3. 公元 600 年至 1000 年为第三温暖期；4. 公元 1200 年至 1300 年为第四温暖期。四个寒冷期是：1. 公元前 1000 年左右至前 850 年左右为第一寒冷期；2. 公元初至公元 600 年为第二寒冷期；3. 公元 1000 年至 1200 年为第三寒冷期；4. 公元 1400 年至 1900 年为第四寒冷期。何晏生活的汉魏时代，正好处在第二个寒冷期期间，当时气温普遍较低，甚至五月份也会降霜。这么寒冷的天气，必须要采取保暖的措施应对，服食五石散能够让身体发热，从而感到舒服，这是不是导致名士们服食五石散的自然原因呢？

第7章

身后千古名

何晏注定是中国古代思想史上一个不平凡的人物。他优裕的家世、卓越的才情、深透的思辨、清新的风度，任何一样都足以引起很大影响。甚至围绕他的"花边新闻""负面新闻"等等也是层出不穷，这些又给他涂抹上了不少神秘的光环，使得他成为一个极有争议的人物。往事越千年，当风云淡去，尘香已住，繁华散尽，我们还能直面那个真实的何晏吗？他是清晰的、透彻的，还是模糊的、朦胧的，抑或什么也不是？

褒贬任凭说

围绕着何晏的争议一向很多，不论是在他生前还是身后。这些争议一些是政敌泼来的污水浊泥，源于"阶级"立场、认识的不同；一些是因为看问题的角度不同，或者换个角度就会有相反的认识；一些是因为学术思想不同造成的理解上的隔阂；一些是因为时空转换导致没有以"理解之同情"的态度考

140

虑问题，而仅仅是从自身出发所作出的判断。

首先对何晏进行批判并强烈诋毁的是来自其政敌司马氏集团中的人。

《三国志·魏书·曹爽传》云："（何）晏等专政，共分割洛阳、野王典农部桑田数百顷，及坏汤沐地以为产业，承势窃取官物，因缘求欲州郡。……（何）晏等与廷尉卢毓素有不平，因（卢）毓吏微过，深文致（卢）毓法，使主者先收（卢）毓印绶，然后奏闻。其作威如此。……作窟室，绮疏四周，数与（何）晏等会其中，饮酒作乐。"《三国志·魏书·傅嘏传》载傅嘏之语："何平叔（何晏）外静而内铦巧，好利而不念务本。吾恐必先惑子兄弟，仁人将远，而朝政废矣。"《三国志》乃西晋史学家陈寿所撰，陈寿在此书中说何晏广占田地、窃取官物、打击异己、生活奢淫，这些说法的准确性都不高。首先因为所谓的这些罪状，仅陈寿在《三国志》讲过，其他史料均无反映，因此孤证不立。再次，何晏是曹魏姻亲，地位之高，很少有人能和他相比，他已经享有荣华富贵，不必再去贪图别的。退一步说，作为富贵之家，生活稍有放纵，也不是什么大恶。

再看和何晏有过节的人是站在什么立场上说话的。《三国志·魏书·卢毓传》载："（曹）爽等见收，太傅司马宣王（司马懿）使（卢）毓行司隶校尉，治其狱。……高贵乡公即位，进封大梁乡侯。……毌丘俭作乱，大将军司马景王（司马师）出征，（卢）毓纲纪后事，加侍中。"《三国志·魏书·傅嘏传》载："太傅司马宣王（司马懿）请为从事中郎。曹爽诛，为河南尹，迁尚书。……以嘏守尚书仆射，俱东。（毌丘）俭、

141

（文）钦破败，皑有谋焉。及景王（司马师）薨，（傅）皑与司马文王（司马昭）径还洛阳。"根据卢毓与傅皑的传记，我们可以知道，两人均受司马氏父子重用，为司马氏死党，因此他们两人与身在曹爽集团的何晏势如水火，进而攻击何晏，甚或被何晏免职，亦在情理之中。只是他们攻击何晏的话语就要大打折扣了。

比何晏小十几岁的著名术士管辂对何晏也颇有微词："（何晏）其才若盆盎之水，所见者清，所不见者浊。神在广博，志不务学，弗能成才。欲以盆盎之水，求一山之形，形不可得，则智由此惑。故说《老》《庄》则巧而多华，说《易》生义则美而多伪；华则道浮，伪则神虚；得上才则浅而流绝，得中才则游精而独出，（管）辂以为少功之才也。"如前所述，何晏待管辂为座上客，并请管辂为他卜卦。不知为什么，管辂对何晏好像老是充满怒火。他认为何晏志大才疏，论说问题比较虚浮、浅薄，根本不像一个大家的作为。这是批评何晏学术不正、学风不纯。管辂进而认为，何晏是一个建立不了什么功业的人。不过，虽然管辂对何晏有很多不满，但是何晏对他一直敬重有加。

到了西晋，仍有人对何晏进行批判，其中以裴頠的《崇有论》为代表。《晋书·裴頠传》载："（裴）頠深患时俗放荡，不尊儒术，何晏、阮籍素有高名于世，口谈浮虚，不遵礼法，尸禄耽宠，仕不事事；至王衍之徒，声誉太盛，位高势重，不以物务自婴，遂相仿效，风教陵迟，乃著崇有之论以释其蔽。"裴頠认为何晏等人虽有高名，但都是无所事事之人，他们夸夸其谈，不遵礼法，败坏了社会风气。裴頠把何晏看作是"口谈浮虚"的代表，并针对何晏的"贵无"论，提出"崇有"论，正好和何晏的思想针锋相对。

裴頠所说何晏的行事作风，可能和真实的何晏有较大距离。何晏虽然是玄学祖师，但是他本人却没有多少放达的行为，更没有史料记载他哪里不遵礼法。后来的阮籍等人倒是多有放诞的行为，比如在守丧期间饮酒食肉等，但是这些所谓不遵礼法的行为在何晏那里并看不到。裴頠的思想是针对何晏的"贵无"论引发的，他认为"贵无"可能会把一切都"空"掉，包括朝廷君主，因此他认为无不能生有，无不是万事万物的本体，万事万物都是自生的，"道"存在于它们之中，而不是存在于无里面。裴頠的这种思想就不像何晏的那样容易对现实社会政治产生冲击。裴頠对何晏的批评，是基于不同学术观点与政治观点所产生的，正所谓仁者见仁，智者见智。

东晋时期，经学家范宁对何晏的批评可谓前无古人。《晋书·范宁传》载："或曰：'平叔（何晏）神怀超绝，辅嗣（王弼）妙思通微……尝闻夫子之论以为罪过桀纣，何哉？'答曰：'……王（弼）何（晏）蔑弃典文，不遵礼度，游辞浮说，波荡后生，饰华言以翳实，骋繁文以惑世。缙绅之徒，翻然改辙，洙泗之风，缅焉将堕。遂令仁义幽沦，儒雅蒙座，礼坏乐崩，中原倾覆，古之所谓言伪而辩、行僻而坚者，其斯人之徒欤！昔夫子斩少正于鲁，太公戮华士于齐，岂非旷世而同诛乎？桀纣暴虐，正足以灭身覆国，为后世鉴戒耳，岂能迥百姓之视听哉！王（弼）何（晏）叨海内之浮誉，资膏粱之傲诞，画魑魅以为巧，扇无检以为俗，郑声之乱乐，利口之覆邦。信矣哉，吾固以为一世之祸轻，历代之罪重，自丧之衅小，迷众之愆大也！'"范宁对何晏的批评可以说是所有批评何晏的言论里面最重的，也是非常有代表性的一种意见，后世的很多批评何晏的论调都与范宁差不多。

范宁的逻辑是这样的：何晏提倡玄学，导致礼崩乐坏、世风日下，礼崩乐坏导致儒学地位下降，儒学地位下降导致中原倾覆。根据这一推论，何晏等人实际上是导致五胡乱华、中原板荡的罪魁祸首。范宁把这一严重的罪名放在了何晏等人的身上，是典型的"清谈误国"之论。范宁还认为，何晏等人的思想对后世毒害无穷，他们的罪过真是比暴君桀纣还要严重。范宁的话无疑有点上纲上线了，也有点太"抬举"何晏等人了。何晏等人只不过是有点思想的富家公子，西晋灭亡的时候何晏已经去世快七十年了，如果一个死掉七十年的人也能够倾覆西晋王朝，那么这个朝廷也真是太容易被推倒了！当然，范宁对何晏的批评不是没有原因的。范宁是经学家，研治《春秋穀梁传》有名的学者，所以他极力推崇儒学。当看到魏晋以来儒学不振的局面的时候，范宁认为是玄学抢了儒学的风头，因此借批评玄学、批评何晏来为儒学呼吁。何晏等人的清谈不会亡国，国家之所以亡了，那是因为当政者没有把国家治理好，怪罪清谈是没有道理的。

北齐、北周时期的颜之推在《颜氏家训·勉学》中也对何晏有所谈及："何晏、王弼，祖述玄宗，递相夸尚，景附草靡，皆以农、黄之化，在乎己身，周、孔之业，弃之度外。而平叔（何晏）以党曹爽见诛，触死权之网也；辅嗣（王弼）以多笑人被疾，陷好胜之阱也……彼诸人者，并其领袖，玄宗所归。其余枉桔尘滓之中，颠仆名利之下者，岂可备言乎！直取其清谈雅论，剖玄析微，宾主往复，娱心悦耳，非济世成俗之要也。"颜之推批评了魏晋时期，包括了从曹魏、西晋一直到东晋的很多名士，其中就有何晏、王弼、山涛、夏侯玄、荀粲、嵇康、王衍、郭象、阮籍、谢鲲等人。

颜之推的主要意见是，这些名士表面放达、潇洒，看起来很超脱、很高远，但是这些人实际上都不能看开功名利禄，最后还是败在这些事情上面，他们所说的和所做的太不一样了！何晏作为玄学领袖，似乎明白了人间至高的道理，但最后还是成为别人的俎上肉、刀下鬼。一句话，颜之推认为何晏等名士说得高远，做得猥琐，名不副实。颜之推是诗书传家的君子，他的批评是有一定道理的。但是，颜之推未免太看重理论的实用价值了，一个思想家或许能提出很高远的思想，高到他自己也做不到，但重要的是看看他说的有没有道理。再者，何晏是因为地位特殊而不能摆脱被害的命运，即使他真的努力去为自己打算，恐怕也难以逃脱毒手吧。

明末清初，著名思想家顾炎武也曾提及正始玄学，他在《日知录·正始条》写道："一时名士风流，盛于洛下。乃其弃经典而尚老庄，蔑礼法而崇放达，视其主之颠危若路人然，即此诸贤为之倡也。自此以后，竞相祖述。……是以讲明六艺，郑、王为集汉之终；演说老庄，王（弼）、何（晏）为开晋之始。以至国亡于上，教沦于下，羌胡互僭，君臣屡易，非林下诸贤之咎而谁咎哉！"顾炎武重复了范宁"清谈误国"的思想，认为何晏等人倡导玄学导致了国家覆亡，他们罪孽深重。顾炎武是明末遗臣，参加过抗清斗争，坚决不入仕清廷，他评价正始玄学，应该是有为而发。明朝是被顾炎武视为胡人的清朝灭掉的，顾炎武认为这是明人空谈心性所致，对此多有批评；西晋被胡人搞乱了，和玄学清谈也大有关系。当顾炎武看到现实情形，不禁有所感触，因此比附历史，批评玄学清谈，实际上是借机批评明人。所以说，顾炎武对何晏的批评带上了很多个人的主观色彩与情感。

由上述引证可知，何晏所背骂名千年以来可谓多矣，或者说他是虚张声势的小人，或者说他是有名无实的伪君子，或者说他是覆国败家的罪魁祸首，同一个人在不同人眼里呈现出不同的面相，如果何晏泉下有知，不知作何感慨。

盖棺须论定

对于加在何晏身上的骂名，不管是有心无心，也不管是好意还是恶意，总须给出一个较为公允的评价。站在千年之后，没有了当时人的顾忌，或许可以尽量公允的眼光，尽力摆脱各种偏见。

我们现在所知的何晏形象，绝大一部分都来自西晋陈寿的《三国志》，这部书离何晏所生活的时代最为接近。何晏的好与坏，基本上都是通过这部书来确认的。但可能正是这部书出了大问题。

清代著名史学家赵翼在《廿二史札记》卷六"三国志多回护"条写道："自陈寿作《魏本纪》，多所回护，凡两朝革易之际，晋爵封国，赐剑履，加九锡，以及禅位，有诏有策，竟成一定书法。"赵翼所举例证有司马师废齐王芳、司马昭弑高贵乡公等等，赵翼还分析了陈寿回护司马氏的原因："盖（陈）

寿修书在晋时，故于魏晋革易之处，不得不多所回护。"赵翼的话揭开了事实的真相。陈寿是西晋时期的人，他写作《三国志》时正值司马氏当权，所以他对于司马氏如何用各种残忍手段夺取政权的情形，肯定不能详细记录。因为他如果这样做就会揭露司马氏的罪恶，被司马氏所不容。迫不得已，陈寿只能尽力把不利于司马氏的史料都涂抹掉，甚至还要祖护司马氏。因为司马氏是夺权的胜利者，对于司马氏的政敌也不能如实直书，不但不能如实记录，甚至还要丑化以突出司马氏的正义。这就是所谓的"成者王侯败者寇"。成功了，所有的鲜花和名誉都加在你身上；而一旦失败了，那对不起，丑言恶语就会肆无忌惮地飞过来。有时候，人们对政敌的丑化会非常离谱。可以发现，攻击何晏的人，大部分都来自司马氏集团，像傅玄、傅嘏等人都是如此。所以，陈寿写《三国志》，就把罪名都安在不与司马氏站在同一条战壕的何晏头上，而把司马氏打扮得名正言顺，极有正义感。

虽然如此，对于何晏在引领玄学的作用上，很多人还是说了公平的话。《晋书·卫玠传》载："（王）敦谓（谢）鲲曰：'昔王辅嗣吐金声于中朝，此子（卫玠）复玉振于江表，微言之绪，绝而复续。不意永嘉之末，复闻正始之音，何平叔（何晏）若在，当复绝倒。'"王敦是西晋初期琅琊王氏的代表人物，乃丞相王导的堂兄，曾经带兵打到都城建康，可谓一代雄豪。当他看到卫玠在清谈上的表现之后，不禁想起了正始时期的何晏等人，认为何晏如果碰到卫玠也会对他倾服不已。这里表现了王敦对何晏等人的怀念和对他们学问的敬佩，同时也展示了重新看到何晏遗风之人的欣喜。

对于何晏的被冤诬，明末清初的著名思想家王夫之作了全面澄清，他在《读通鉴论》卷十中写道："史称何晏依势用事，附会者升进，违忤者罢退，傅嘏讥晏外静内躁，皆司马氏之徒，党邪丑正，加之不令之名耳。（何）晏之逐异己而树援也，所以解散私门之党，而厚植人才于曹氏也。卢毓、傅嘏怀宠禄，虑子孙，岂可引为社稷臣者乎？藉令曹爽不用（何）晏言，父事司马懿，而唯言莫违，（曹）爽可不死，且为戴（王）莽之刘歆。若逮其篡谋之已成，而后与立异，刘毅、司马休之之所以或死或亡，而不亦晚乎！（曹）爽之不足与有为也，魏主睿之不知人而轻托之也。乃业以宗臣受顾命矣，（何）晏与毕轨、邓飏、李胜不与（曹）爽为徒而将谁与哉？或曰：图存社稷者，智深勇沈而谋之以渐。（何）晏一旦蹶起而与相持，激（司马）懿以不相下之势，而魏因以亡。……曹氏一线之存亡，仅一何晏，而犹责之已甚，抑将责刘越石（刘琨）之不早附刘渊，文宋瑞（文天祥）之不亟降蒙古乎？呜呼！惜名节者谓之浮华，怀远虑者谓之铦巧，《三国志》成于晋代，固司马氏之书也。后人因之掩抑孤忠，而以持禄容身、望风依附之逆党为良图。公论没，人心盅矣。"

王夫之是具备深刻思想的学者，他对何晏的评论字字珠玑，可谓精辟深刻，一针见血。王夫之从党派分野的角度谈到了何晏之所以背有骂名的原因：主要是司马氏以胜利者的姿态加给他的莫须有罪名。何晏之所以排斥卢毓等人，是为加强曹魏中央集权考虑，把不忠于曹魏之人都调离朝廷。王夫之认为，在曹魏王朝生命攸关的情势之下，何晏真正做到了尽忠尽节。王夫之如此肯定何晏，拉开了全面给何晏平反的序幕。

清代著名学者钱大昕在《潜研堂文集》卷二《何晏论》里说道："方典午之世，士大夫以清谈为经济，以放达为盛德，竞事虚浮，不修方幅，在家则丧纪废，在朝则公务废，而（范）宁为此论，以箴砭当世，其意非不甚善。然以是咎嵇（康）、阮（籍）可，以是罪王、何不可。……自古以经训颛门者，列于儒林，若辅嗣（王弼）之《易》，平叔（何晏）之《论语》，当时重之，更数千载不废，方之汉儒即或有间，魏晋说经之家，未能或之先也。……论者又以王（弼）、何（晏）好老庄，非儒者之学，然二家之书具在，初未尝援儒以入庄老，于儒乎何损？"钱大昕认为，何晏等人完全不像范宁所说的那样，应该为儒学沉沦负责。魏晋放达之风可以归罪于嵇康、阮籍，但是不能归罪于何晏等人，因为何晏等人的著作都还存在，他们的书里面并没有排斥儒学、提倡放达的意思。钱大昕还认为，何晏的《论语集解》贡献尤其巨大，即使千年之后其价值依然不可估量，何晏的这部书放在汉代儒家学者那里或许稍逊一些，但是如果放到魏晋儒家学者里面无疑是可拔头筹的。至于嵇康、阮籍是否要为清谈误国负责，这个问题稍微复杂，可以暂且不说。但是，钱大昕指出，清谈误国放在何晏等人身上可能是完全不对的，毋宁说，何晏的思想更加接近于儒家。这个看法可以成立，因为在何晏的思想里找不出强调放达的思想，何晏本人的言行举止也没有特别出格的地方。

近代学者李慈铭在《三国志札记》中说："《（曹）爽传》极言其罪状，而评止云'沉溺盈溢'，犯道家之忌，可知传文皆本当日国史司马诬加之辞，非其实也。"

著名思想史家容肇祖先生在《魏晋的自然主义》一书中这

样评价何晏："我们现在凭历史的记载，书籍的流传，得知王（弼）何（晏）的思想，实在为魏晋间的第一流，不可多得的，就知道一时的冤诬，要等待千载后的定论了！"容肇祖全面肯定何晏，认为他是魏晋间第一流的人物，并对很多加在何晏身上的污蔑表示了不满。容肇祖对何晏的评价是公允的。

现代学术大师钱穆在《庄老通辩》里论何晏道："盖在当时，如夏侯太初，何平叔，皆非不知祸难之方临。其不能引身而退，亦自有难言者。……余考其学，盖亦儒家之矩矱。……故知史臣诬辞，不尽可据。今观《集解》所申，大抵朴遬有畔岸，亦未见其尽为离经违道之怪辞也。"钱穆认为，何晏的《论语集解》维护、伸张了儒家思想，他的书里也看不到离经叛道之辞，何晏是有儒家之风的。所以，史书上一些针对何晏的污蔑是不能作为根据的。

现代研治魏晋玄学的专家王晓毅先生在《王弼评传（附〈何晏评传〉）》中，给何晏作了学术评传和学术年谱，成为何晏研究领域的权威著作。王晓毅说："曹魏正始年间诞生了以何晏、王弼为代表的正始玄学，标志着中国思想文化形态从两汉经学向魏晋玄学的历史性转折。何晏与王弼也以他们的杰出贡献而载入史册，成为中国思想史研究中无法回避的问题。"王晓毅准确指出何晏思想的转折性意义，并给何晏思想在中国思想史上定位。

现代中国哲学名家余敦康先生在《何晏王弼玄学新探》中给予何晏很高的评价："曹魏正始年间，由何晏、王弼所创建的贵无论的玄学在中国思维发展史上引起了一场划时代的大变革。这场变革最终结束了统治两汉时期达数百年之久的经学思潮，开创了贯穿整个魏晋南北朝时期的一代玄风。贵无论玄学不同于经学思潮，无论在理论形态、概念范畴、思维方法以及由此而向其他文化领域扩展渗透所形成的时代的精神风貌方面，都是带根本性的。"余敦康肯定何晏对创立玄学的思想贡献，并且从数百年学风的演变中揭示这种思想贡献的积极意义。

经过以上诸多名家的评论，被司马氏所扭曲的何晏形象，已经基本被转换过来，我们对他的认识也就更加清晰了。何晏是魏晋间的思想大师，他以鲜活的思想方法把当时的理论水平提升到一个新的高度。他在经学思潮向玄学思潮转变的关键环节，发挥了极重大的作用，他的理论探索成为以后玄学家继续探讨和生发的起点。何晏是清谈领袖、玄学祖师、后进楷模，他是在思想过渡阶段非常需要产生而确实产生了的历史人物。

附 录

年 谱

196年（汉建安元年）　何晏出生。何晏是东汉大将军何进的孙子，父亲何咸，母亲尹氏。

198年（建安三年）　何晏母亲尹氏被曹操收纳，何晏随之进入曹府，为曹操所宠爱，经常随曹操左右。

220年（建安二十五年）　何晏娶曹操女儿金乡公主为妻。金乡公主为曹操杜夫人所生，是沛王曹林的妹妹。传言金乡公主是何晏同母异父之妹，此为不实中伤之言。

227年（魏太和元年）　何晏在文帝、明帝时期不得重用，致力清谈，同时参加者有夏侯玄、司马师等人，一时在青年才俊中激起很大反响，引起朝廷关注，导致后来"浮华案"的发生。

232年（太和六年）　何晏作《景福殿赋》成，赋文华丽优美，对明帝曹叡多有劝诫，希望明帝振作精神、重用人才，开创曹魏政权的全新局面。此年，明帝下诏切责"浮华"，并罢免何晏、夏侯玄、诸葛诞、邓飏等人官职。

240年（正始元年）　主持曹叡谥号的定夺，最后以"明"作为曹叡谥号，并作《魏明帝谥议》。曹爽辅政，任散骑常侍、侍中、吏部尚书。

244年（正始五年）　与王弼等人清谈玄理，欣赏王弼对《老子》思想的阐发，因此放弃注释《老子》而作《道德论》。

245年（正始六年）　主编的《孝经注》《论语集解》完成。

247 年（正始八年）　作《奏请大臣侍从游幸》，劝诫曹芳亲近贤人、远离小人。

248 年（正始九年）　请术士管辂为自己卜卦，并与之谈《易》，称赞管辂对《易》的理解。因管辂卜卦作《鸿鹄》诗，预感到将要到来的政治风暴并表达对自己处境的担忧。

249 年（齐王曹芳嘉平元年）　司马懿父子趁曹爽兄弟等人陪齐王曹芳拜祭明帝高平陵之机，于洛阳发动政变，夺取曹魏统治的实权，何晏与曹爽、邓飏、丁谧、毕轨、李胜、桓范等人遇害，并被诛夷三族，史称"高平陵政变"。

主要著作

1.《论语集解》（尚存）。

2.《周易何氏解》（佚失）。

3.《乐悬》（佚失）。

4.《孝经注》（佚失）。

5.《官族传》（佚失）。

6.《魏晋谥议》（佚失）。

7.《老子道德论》（佚失）。

8.《老子杂论》（佚失）。

9.《何晏集》（佚失）。

参考书目

1.〔晋〕陈寿：《三国志》，中华书局，1959 年。

2.〔唐〕房玄龄等：《晋书》，中华书局，1974 年。

3. 容肇祖：《魏晋的自然主义》，东方出版社，1996 年。

4. 王晓毅：《王弼评传》，南京大学出版社，1996 年。

5. 王晓毅：《儒释道与魏晋玄学形成》，中华书局，2003 年。

6. 贺昌群：《魏晋清谈思想初论》，商务印书馆，1999 年。

7. 陈寅恪：《金明馆丛稿初编》，三联书店，2001 年。

8. 陈寅恪：《金明馆丛稿二编》，三联书店，2001 年。

9. 汤用彤：《魏晋玄学论稿》，上海古籍出版社，2001 年。

10. 余敦康：《魏晋玄学史》，北京大学出版社，2004 年。

11. 余敦康：《何晏王弼玄学新探》，方志出版社，2007 年。

12. 钱穆 《论语新解》，三联书店，2005 年。

13. 钱穆：《庄老通辨》，三联书店，2005 年。

14. 柳春新：《汉末晋初之际政治研究》，岳麓书社，2006 年。

15. 余嘉锡：《世说新语笺疏》，中华书局，2007 年第 2 版。

16. 汤一介、胡仲平：《魏晋玄学研究》，湖北教育出版社，2008 年。